PROGRAMACIONES DIDÁCTICAS PARA FORMACIÓN PROFESIONAL

Una propuesta práctica y fundamentada

Raül Solbes Monzó

Vicente Sierra Marti

Elio Pérez Calle

Nau llibres

© Vicente Sierra Marti
Elio Pérez Calle
Raül Solbes Monzó

© Derechos de edición:
Nau Llibres
Periodista Badía 10. 46010 Valencia. Tel.: 96 360 33 36
E-mail: nau@naullibres.com - web: www.naullibres.com

Diseño de portada e interiores: Ilustración de cubierta:
Pablo Navarro y   @WrightStudio
Artes Digitales Nau Llibres

Imágenes e ilustraciones:
Pág. 013 @vinigret   Pág. 046 @olly18   Pág. 110 @Diloka107
Pág. 021 @AntonMatyukha   Pág. 051 @.shock   Pág. 127 @VitalikRadko
Pág. 024 @levente   Pág. 052 @ammza12   Pág. 136 @ammza12
Pág. 025 @AntonMatyukha   Pág. 066 @Andrey_Kuzmin   Pág. 145 @lucadp
Pág. 029 @Paylessimages   Pág. 89 @ArturVerkhovetskiy Pág. 160 @leungchopan
Pág. 040 @jannystockphoto   Pág. 096 @peshkova

Imprime:
Podiprint. Impreso en España. Printed in Spain.

ISBN13: 978-84-19755-49-0
Depósito Legal: V- 406 - 2025

Agradecimientos

De Vicente:

A todas aquellas compañeras y compañeros que trabajan cada día en las aulas por una educación para todas y todos.

De Elio:

A mis alumnos.

De Raül:

A la Formación Profesional.

Índice

Preámbulo.

La programación didáctica

0.1. Una cuestión semántica

Desde el punto de vista semántico y en relación al concepto *programación*, lo habitual es que los conceptos *planificar* y *programar* se utilicen indistintamente, al menos en castellano. No obstante, las definiciones de la Real Academia Española (RAE) ofrecen un punto de partida para poder diferenciarlas:

- Planificar: «hacer plan o proyecto de una acción. Someter a planificación, es decir, un plan general, metódicamente organizado y frecuentemente de gran amplitud, para obtener un objetivo determinado».
- Programar: «idear y ordenar las acciones necesarias para realizar un proyecto».

Partiendo de estos conceptos se puede distinguir la planificación, que implica hacer el proyecto, de la programación, que se centra en ordenar las acciones necesarias para ejecutarlo. Si se aplican estos conceptos a la educación y se considera que existen diferentes niveles en los que se concreta el currículo, se obtiene:

1. El Proyecto Educativo de Centro (PEC) se planifica de acuerdo a disposiciones reglamentarias de rango superior.
2. Las acciones para materializar el PEC en una determinada área, materia, ámbito o módulo profesional se programan.

Por lo que respecta a la palabra *didáctica,* la tercera acepción del diccionario de la RAE indica «que tiene como finalidad fundamental enseñar o instruir».

Atendiendo a todos estos conceptos, y sin entrar en las definiciones que aportan distintos expertos en currículo, la programación didáctica podría definirse como:

> **La ordenación de las acciones de enseñanza necesarias
> para ejecutar la planificación prevista
> en el Proyecto Educativo de Centro.**

De este modo, la programación didáctica[1] es un instrumento de planificación curricular específico para cada área, materia, ámbito o módulo profesional. Corresponde al profesorado la adecuación a las características específicas del alumnado encomendado y, por ello, la programación es un documento base que debe adaptarse a través de lo que se conoce como programación de aula.

0.2. Una cuestión pragmática

A efectos prácticos, más allá de las cuestiones semánticas, cada módulo profesional requiere contar con una programación didáctica. Este documento estructura y ordena todas las acciones de enseñanza previstas en el PEC para el curso escolar y las adapta a la realidad del aula. En definitiva, la elaboración de una programación didáctica es un requisito legal y administrativo para todo el profesorado.

Sin embargo, además de una obligación, la programación didáctica es una herramienta necesaria que facilita la función docente. De hecho, la planificación y la programación son inherentes a cualquier trabajo, de forma que

---

1   Es necesario señalar que, en algunas comunidades autónomas, las programaciones didácticas se conocen como «propuestas pedagógicas» e incluso «concreciones curriculares». Por su parte, puede referirse al PEC como «Proyecto Funcional de Centro» (PFC), al menos en los centros integrados de Formación Profesional (aquellos centros educativos que únicamente ofrecen enseñanzas de FP). Para facilitar la lectura y evitar repeticiones innecesarias, en este libro se emplea el término «programaciones didácticas» para referirse también a las «propuestas pedagógicas» o «concreciones curriculares», así como PEC para referirse también al PFC.

cualquier profesional, incluso aunque no sea consciente, programa, en mayor o menor medida, lo que quiere realizar.

En resumen, el profesorado también debe y necesita planificar y programar su actividad, de forma que la planificación y la programación son tareas imprescindibles. Esto es cierto no solo para cumplir con las estipulaciones de instancias superiores, sino también para adaptar la enseñanza al alumnado y a su entorno. Esta reflexión previa permite alejarse del intuicionismo y aporta solidez a la labor docente.

Reflexión

Hay personas que antes de ir a hacer la compra semanal de la comida de casa, planifican lo que comerán la próxima semana, comprueban lo que tienen en la despensa y en la nevera y en base a estos datos, realizan un listado de las cosas que deberán comprar (programación). Hay otras personas que directamente van al supermercado y compran lo que consideran más oportuno.

¿Qué tipo de persona piensas que realizará una compra más eficiente?

Pensamos que no todo debe planificarse, incluso la compra es un aspecto que puede o no planificarse, esto dependerá de cada persona. Ahora bien, el ejemplo que hemos puesto es un caso extremo, a partir del cual es posible reflexionar sobre la importancia de la programación didáctica.

El trabajo del profesorado es muy importante, pues la educación del alumnado durante todo un curso depende en gran parte de él. Desde este punto de vista, no es posible dejar de lado una planificación mínima, pues de lo contrario difícilmente podrán conseguirse los objetivos pedagógicos asociados al área, materia, ámbito o módulo profesional. Es necesario saber lo que se ha de hacer y cómo hacerlo, pero también es necesario que el alumnado sepa cómo será evaluado y cuál será la metodología docente que se utilizará a lo largo del proceso de enseñanza y aprendizaje.

0.3. Una cuestión flexible

Partiendo de que algún grado de programación es necesaria en el aula, procede valorar hasta dónde es preciso llegar, es decir, qué nivel de detalle es recomendable y con qué margen de maniobra se puede trabajar.

Por ejemplo, cuando alguien dice que planifica la semana, normalmente significa que llena el horario semanal con buenas intenciones sobre cuándo cree, quiere o le gustaría completar una serie de tareas. Ahora bien, son pocas las ocasiones o poco el tiempo que se dedica a pensar:

- Qué objetivos operativos se necesitan alcanzar.
- Qué debe hacerse en concreto y qué podría evitarse.
- Qué medios se necesitan para poder lograr lo que debe hacerse.
- Cómo podría mejorarse lo que se hace.

Es normal y comprensible que esto sea así, ya que llenar la agenda de deseos es mucho más sencillo que dedicarse a pensar en la planificación y aportar valor real al trabajo que se realiza.

En el caso particular del profesorado, la realidad del aula (en particular, la diversidad de alumnado) y el compromiso con la educación inclusiva obliga a dar respuesta a una elevada cantidad de imprevistos. Si realmente se aspira a desarrollar una tarea eficaz en el aula y a dar respuesta a la diversidad del alumnado, es imprescindible reconducir la tendencia natural a tomar decisiones de forma improvisada, y en su lugar hacerlo de tal manera que aporten valor real y no sean una pérdida de tiempo y una fuente de frustración.

Se planifica y programa cuando se decide qué se necesita hacer en concreto para que algo avance, qué puede quedarse sin hacer o hacerse en otro momento, o qué se necesita para poder hacer algo en concreto. Estas decisiones sí que suponen un avance real de cara al qué se tiene que hacer y lo que se quiere conseguir y, lo mejor de todo, son decisiones que sí están bajo el control del profesorado. Dicho de otra forma, decidir «qué» hay que hacer y «cómo» hacerlo es tomar decisiones íntegras y coherentes.

Sin embargo, este control del profesorado es limitado. De forma coloquial, podría decirse que al futuro le dan igual los planes. Por eso el profesorado ha de ser consciente y abandonar el paradigma de «el futuro será como yo quiera que sea» para asentarse en el nuevo paradigma de «el futuro será como le dé la gana ser». Una vez se interioriza este nuevo modelo, el cambio de actitud tendrá mucho más sentido y será más fácil hacer frente a las necesidades reales del alumnado.

En definitiva, planificar y programar es un trabajo de tipo heurístico y esto conlleva, entre otras cosas, que el futuro es incierto y la información disponible no es completa. Por esta sencilla razón, cualquier planificación y programación ha de incorporar cierto grado de flexibilidad, es decir, debe ser adaptativa. Esto significa que se trabaja con prototipos que hay que revisar y actualizar con frecuencia, adaptándolos de forma iterativa en función de las nuevas informaciones disponibles.

Una buena programación debe estar siempre abierta a cambiar en la medida en que la realidad cambia, para adaptarse a ella. Confundir los planes o programaciones con la realidad o, peor aún, pretender que la realidad se adapte a ellos, es un error que debe evitarse.

La programación didáctica es un documento anual que además de ser riguroso en cuanto a su diseño, también debe ser abierto, flexible y adaptable al alumnado, a los imprevistos y al contexto. Es un documento que, conforme se avanza en el proceso de enseñanza y aprendizaje, requerirá de concreción y adaptación a la evolución del alumnado. Esta concreción debe realizarse en ciclos temporales de menor duración (semanal o quincenalmente) y la herramienta para hacerlo es la programación de aula.

Diagrama 0.1. Programación didáctica y programación de aula

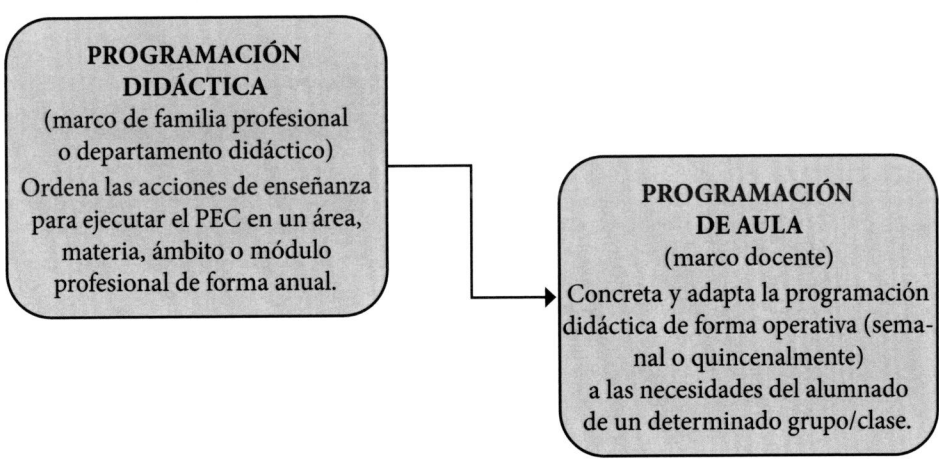

Reflexión

En resumen, la programación didáctica ordena las acciones de enseñanza para ejecutar el PEC en un área, materia, ámbito o módulo profesional de forma anual, y la programación de aula concreta y adapta estas acciones a las necesidades del alumnado de forma operativa (semanal o quincenalmente).

Una programación didáctica abierta, flexible y adaptativa para todo un curso escolar no puede concretarse al por menor. Debe ser un documento que marque líneas de trabajo, un mapa que indique el camino a seguir. Ahora bien, hay que ser consciente de que al recorrer este camino aparecerán los obstáculos: piedras, barrancos o ríos que hay que bordear, el propio cansancio del caminante, etc. Para dar respuesta a todos estos imprevistos necesariamente se necesita una programación didáctica lo suficientemente amplia y abierta que permita concretarse en plazos de tiempo más breves, a través de la programación de aula.

Además, como podrás comprobar en el resto de capítulos, la programación didáctica no debe ser un documento burocrático ni teórico. Necesariamente debe ser un documento práctico y operativo, aunque fundamentado legislativa y pedagógicamente. Estos dos principios (fundamentación y practicidad) van a guiar la redacción de este libro y deberían guiar también el diseño de tu programación didáctica.

Supongamos un centro educativo con dos líneas por curso (grupo A y grupo B). En este caso, la programación didáctica debe asegurar la coherencia entre el grupo A y el grupo B, pero debe ser suficientemente abierta para que el profesorado de cada grupo pueda adaptarla al alumnado de ese grupo. Es decir, se trata de establecer un marco de referencia común que pueda aplicarse a todos los grupos de un curso o ciclo, pero que a la vez permita adecuarse, a través de la programación de aula, a la idiosincrasia de cada grupo.

0.4. Fundamentación legislativa

El marco legislativo en el momento de la redacción de este libro propone una estructura flexible que combine los intereses, expectativas y aspiraciones de las personas con las necesidades productivas y sectoriales, tanto para el aumento de la productividad como para la generación de empleo.

La formación del Sistema de FP establece unos itinerarios progresivos y estructurados en una doble escala: por niveles de competencia y por grados de estándares de competencia. Contempla la formación dual (centro educativo y empresa), ofertas formativas específicas y diferentes modalidades de formación.

El anexo A resume los elementos más relevantes del marco legislativo vigente en el momento de la redacción del libro. Aunque se desarrollarán en el momento oportuno los conceptos necesarios, se recomienda la consulta de este anexo para obtener una visión holística que facilite la lectura y la comprensión de los distintos apartados del libro. Además, en el supuesto de no contar con un conocimiento básico del Sistema de FP, no solo se recomienda, sino que se considera necesaria la lectura detenida de este anexo.

Los siguientes dos diagramas muestran la estructura del marco legislativo nacional en el momento de redacción del libro[2].

---

2   Su desarrollo resumido se puede leer en el anexo A.

Diagrama 0.2 - Estructura de la Ley Orgánica 3/2022

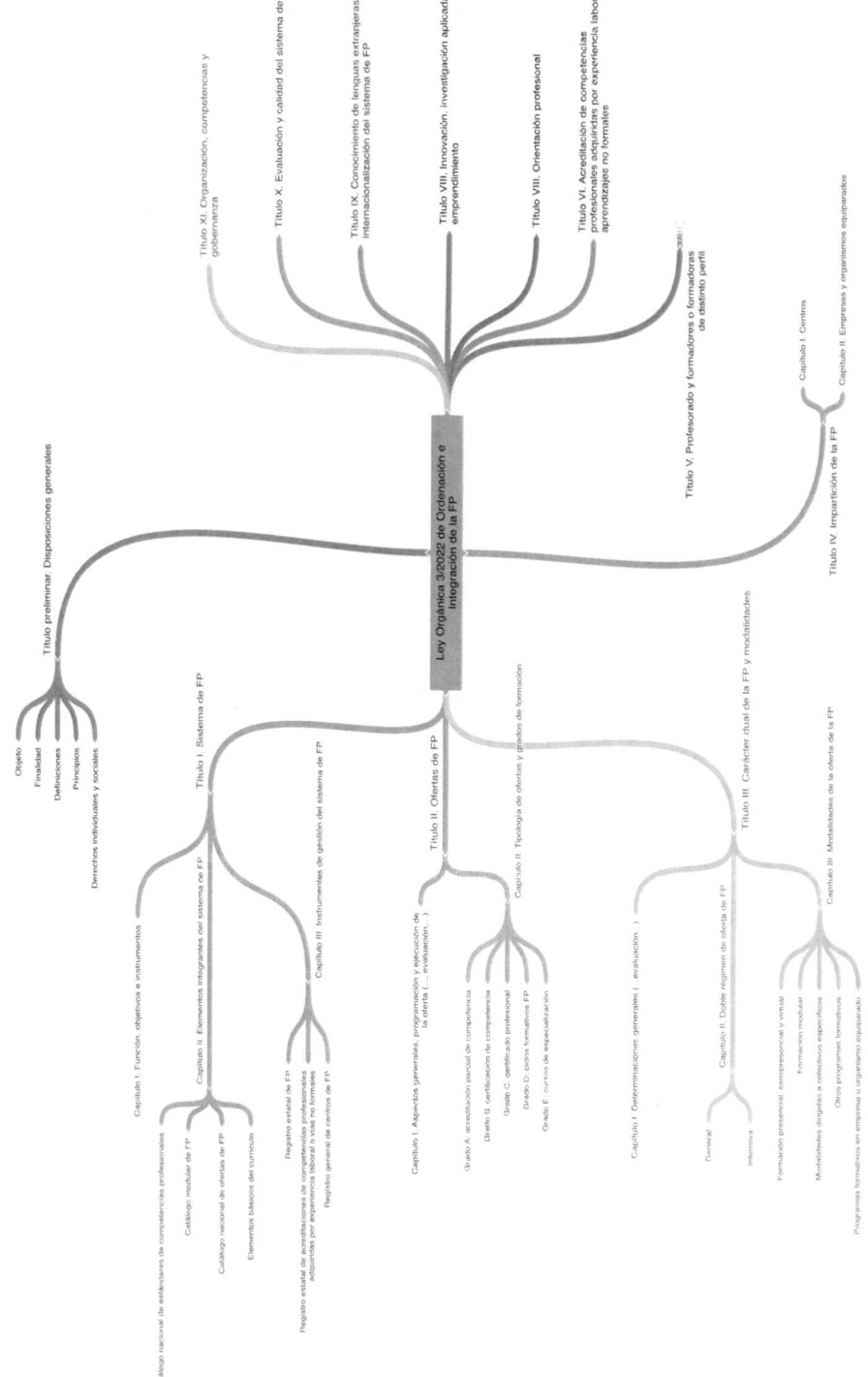

Diagrama 0.3 - Estructura del Real Decreto 659/2023

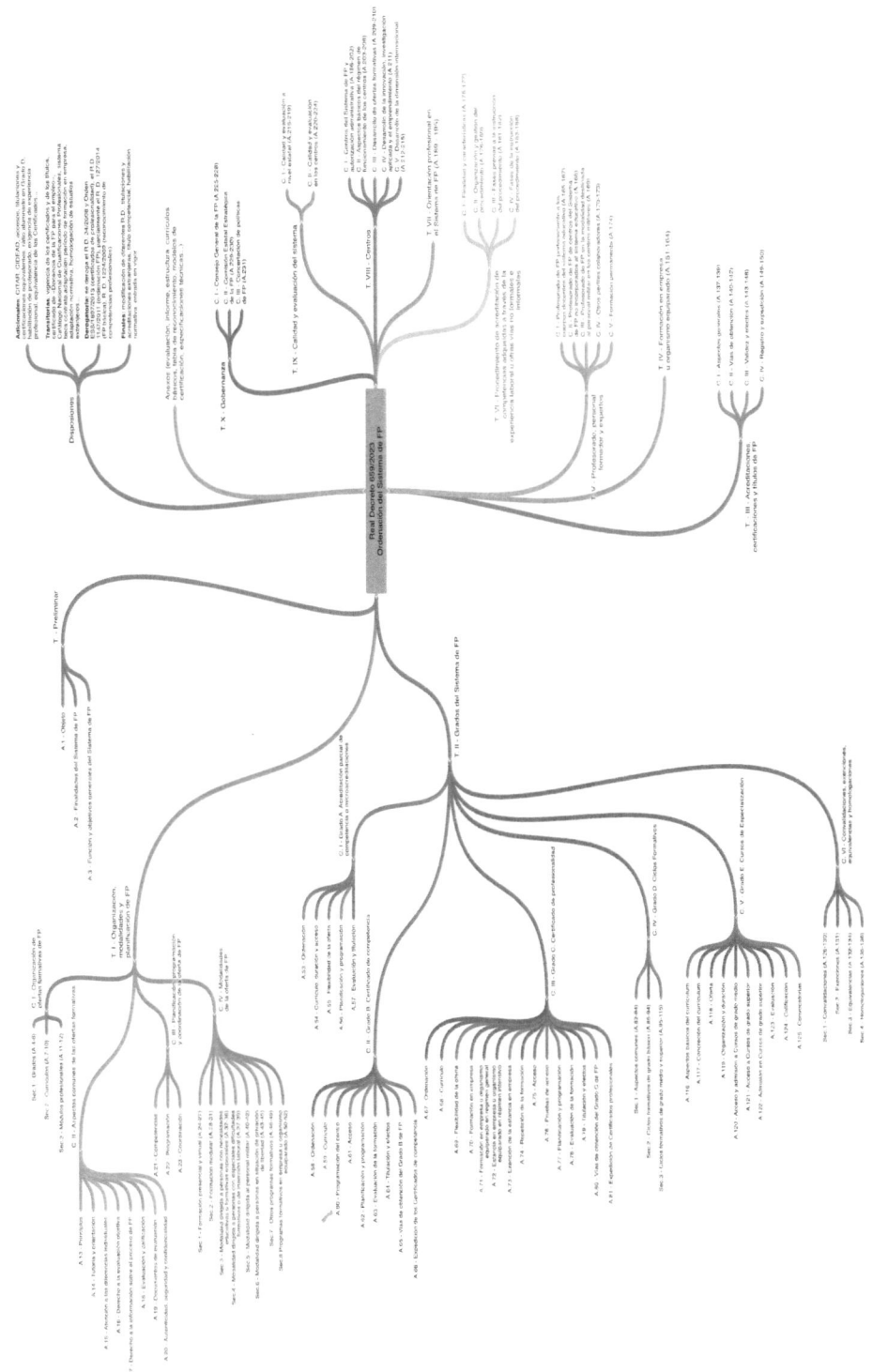

0.5. Apartados de la programación didáctica

La capacidad de adaptación que se espera de una programación didáctica implica que no puede ser un mero documento burocrático, en el que se copian y pegan los contenidos del currículo y luego se secuencia por trimestres. La programación didáctica debe incluir lo que se ha de enseñar y aprender en el aula y además establecer orientaciones respecto al qué, cómo y cuándo debe hacerse. Puesto que la evaluación debe entenderse como una parte más del proceso de enseñanza y aprendizaje, también ha de estar incluida como un elemento más de la programación.

En líneas generales, el diseño de la programación didáctica requiere tener en cuenta varios elementos: marco normativo, resultados de evaluaciones anteriores, tipo de alumnado, etc. El punto de partida imprescindible y que *a priori* facilita un referente fruto de un consenso democrático es la legislación (*currículo prescrito*).

Las disposiciones reglamentarias de las diferentes comunidades autónomas concretan, en mayor o menor medida, los elementos mínimos de las programaciones didácticas (véase anexo B). A su vez, estas concreciones pueden llegar a realizarse de manera anual a través de instrucciones de organización y funcionamiento.

Reflexión

¿Se ha de seguir al pie de la letra la propuesta de elementos mínimos de una programación didáctica? ¿Debemos respetar los nombres y el orden que nos proponen las distintas disposiciones reglamentarias?

Salvo que se indique expresamente lo contrario, los elementos mínimos de una programación didáctica deben incluirse en el documento final, pero, a nuestro parecer, no es necesario que respeten al pie de la letra el mismo nombre y orden indicados en una u otra disposición reglamentaria. En cualquier caso, lo importante no es el continente, sino el contenido.

En este libro se propone la siguiente estructura de apartados para una programación didáctica:

1. Introducción.
2. Contextualización.
3. Carácter intermodular.
4. Carácter dual.
5. Resultados y situaciones de aprendizaje.
6. Orientaciones metodológicas.
7. Apoyo a la inclusión.
8. Evaluación del y para el aprendizaje.
9. Evaluación de la enseñanza y de la práctica docente.
10. Actividades complementarias.

La estructura del libro se basa precisamente en esta propuesta. Cada uno de los apartados de la programación didáctica se desarrolla en un capítulo independiente. Además, se incluyen anexos que definen conceptos relacionados con la programación didáctica, así como ejemplos de desarrollo. Estos anexos hacen referencia a la legislación que, si bien en el momento de publicación del libro está actualizada, puede que ya no lo esté en el momento de su lectura. Precisamente por esto se incluyen en los anexos y no en los capítulos del libro.

Capítulo I.

Introducción

> «Una voz fuerte no puede competir con una voz clara, aunque esta sea un simple murmullo»
>
> Confucio (551 - 479 a.C.)

En este primer apartado de la programación didáctica se ha de indicar cuál es la finalidad que justifica el documento y cuál es el marco normativo en el que se encuadra la programación. Pero antes de todo esto, procede introducir cuál es el módulo profesional[3] objeto de la programación didáctica, ya que esta es la diferencia clave entre las distintas programaciones que forman parte del PEC, y por ello ofrece un punto de partida ideal para el capítulo inicial del texto.

Por tanto, es recomendable diferenciar los siguientes apartados:

1. Descripción del módulo.
2. Justificación de la programación didáctica.
3. Marco normativo.

Se trata de realizar una introducción breve, clara y precisa, que incluya la descripción de las características fundamentales del módulo profesional, explique por qué programar y establezca la conexión del documento con la normativa vigente.

---

3   Debe entenderse como módulo profesional el establecido específicamente por una disposición normativa o bien a la agrupación de módulos profesionales y/o resultados de aprendizaje que el centro educativo haya decidido realizar. Además, con la finalidad de facilitar la lectura, en este libro se empleará el término «módulo» para referirse a módulos profesionales y ámbitos.

▮▮▮ **I.I.** Descripción del módulo

Este apartado incluirá una descripción esencial del módulo objeto de la programación didáctica. Para ello se recomienda tomar como punto de partida las orientaciones pedagógicas y los resultados de aprendizaje (en adelante RRAA) del módulo objeto de programación. Estos dos elementos pueden consultarse en el anexo I del Real Decreto que establece el título y fija los aspectos básicos del currículo.

Se trata de elaborar un breve texto que sintetice los aspectos fundamentales del módulo, así como del proceso de enseñanza y aprendizaje que se seguirá. Es decir, este subapartado debe exponer brevemente qué conocimientos y habilidades aporta el módulo, cómo se plantea la transmisión del conocimiento y cómo se estructura el proceso de enseñanza y aprendizaje. Además, es interesante indicar también si el módulo es susceptible de desarrollarse en formación dual.

Se ofrecen a continuación dos ejemplos ilustrativos:

 EJEMPLO I.I.

Módulo I559:
«Replanteo en redes de agua»

El módulo de este ejemplo se incluye en el Real Decreto 114/2017, de 17 de febrero, por el que se establece el título de Técnico en redes y estaciones de tratamiento de aguas y se fijan los aspectos básicos del currículo.

En base a los RRAA y las orientaciones pedagógicas, una posible descripción del módulo podría ser la siguiente:

El módulo de «Replanteo en redes de agua» incluye la formación necesaria para desempeñar la función de replanteo de redes y estaciones de tratamiento en las obras de construcción. Se incluyen aspectos como:

- Identificación de la tipología de la obra.
- Comprensión de la función de cada uno de los documentos de un proyecto de una obra de construcción.
- Identificación de la información relevante en los documentos del proyecto.
- Obtención de la información necesaria de los documentos del proyecto.
- Realización de los planos y croquis de replanteo de la obra de construcción.

- Utilización y manejo adecuado de los aparatos y elementos auxiliares de topografía.
- Materialización en el terreno de las referencias necesarias para la ejecución de las obras definidas en el proyecto de construcción.

Por tanto, las actividades profesionales se basan en el replanteo de redes y estaciones de tratamiento a partir del proyecto constructivo que define la obra.

El proceso de enseñanza y aprendizaje se basará en el desarrollo de cuatro RRAA, de modo que al finalizar el módulo el alumnado será capaz de:

1. Identificar, en la documentación técnica asociada a proyectos de obra civil y urbanización, los requerimientos asociados para el replanteo, seleccionando la información requerida en cada caso.
2. Obtener información relevante para el replanteo de la documentación gráfica de proyectos, gestionando tanto en soporte papel como en soporte informático.
3. Realizar planos sencillos y croquis de replanteo de trabajos, definiendo las fases del mismo y los recursos necesarios.
4. Materializar elementos sencillos para la realización del replanteo marcando puntos, alineaciones, cotas, alturas y rasantes e interpretando los planos y croquis pertinentes.

Este módulo es susceptible de desarrollarse en formación dual, aspecto que se desarrolla con mayor detalle en el cuarto apartado de esta programación didáctica.

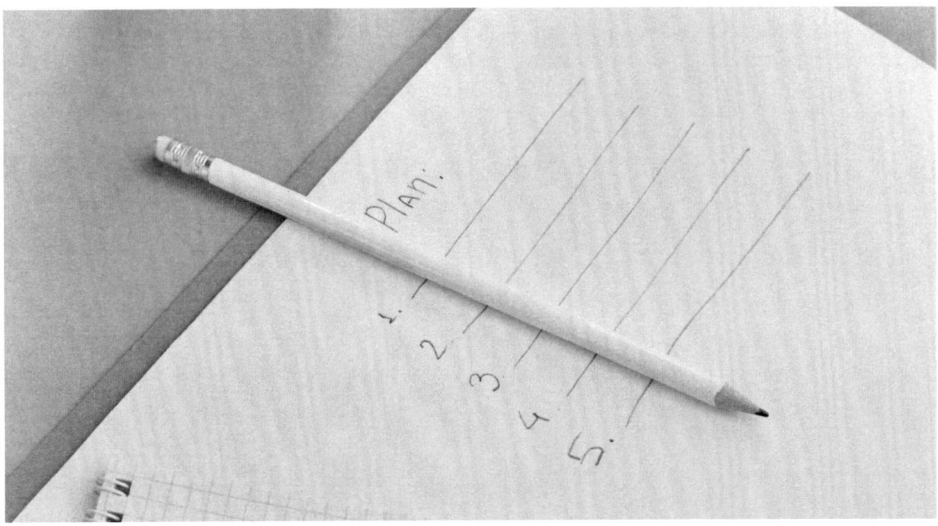

EJEMPLO I.2.

Módulo 0337:
«Contexto de la intervención social»

El módulo de este ejemplo se incluye en el Real Decreto 289/2023, de 18 de abril, por el que se actualizan los títulos de la formación profesional del sistema educativo de Técnico Superior en Integración Social y Técnico Superior en Mediación Comunicativa de la familia profesional Servicios Socioculturales y a la Comunidad, y se fijan sus enseñanzas mínimas.

En base a los RRAA y las orientaciones pedagógicas, una posible descripción del módulo podría ser la siguiente:

El módulo de «Contexto de la intervención social» incluye aspectos como:

- Identificación de elementos, procesos y factores que intervienen en el cambio social.
- Definición, explicación e identificación de las causas e indicadores de la exclusión social e identificación de las demandas y necesidades sociales.
- Comprensión del marco jurídico y de los servicios de protección social.
- Identificación de las características, necesidades y variables que intervienen en las situaciones de necesidad.
- Identificación de los aspectos básicos de la intervención social y de las prestaciones y ayudas existentes.

Por tanto, las actividades profesionales se basan en el conocimiento y la caracterización de los procesos, el marco, los ámbitos, los programas y los servicios de la intervención social.

El proceso de enseñanza y aprendizaje se basará en el desarrollo de cinco RRAA, de modo que al finalizar el módulo el alumnado será capaz de:

1. Caracterizar la dinámica social, relacionándola con los conceptos y procesos psicológicos y sociológicos que la sustentan.
2. Caracterizar los procesos de integración y exclusión social, identificando los factores sociológicos y psicológicos influyentes.
3. Interpretar el marco de la intervención social, relacionando su estructura jurídica y administrativa con la realidad en que se desarrolla.
4. Determinar los ámbitos de intervención social, describiendo las características y necesidades de los colectivos que los integran.

5. Caracterizar servicios y programas de intervención social, relacionándolos con las necesidades personales y sociales a las que dan respuesta

Este módulo es susceptible de desarrollarse en formación dual, aspecto que se desarrolla con mayor detalle en el cuarto apartado de esta programación didáctica.

Reflexión

Dado que el objetivo fundamental de este primer apartado es abrir las puertas del módulo, objeto de programación didáctica, al alumnado, a sus familias e incluso a cualquier persona no especialista (profesorado de otra especialidad, inspección educativa, administración educativa, etc.), recomendamos que este texto introductorio sea sucinto y sintético.

1.2. Justificación de la programación didáctica

La justificación de la programación didáctica podría ser un apartado genérico para todas las programaciones del centro educativo, departamento didáctico o familia profesional[4]. Se trata de explicar qué es la programación didáctica (concepto) y por qué es necesario este documento de planificación educativa (necesidad).

Como se adelantó en el preámbulo, la programación didáctica es un instrumento de planificación curricular específico para el módulo. Corresponde al profesorado la adecuación de esta a las características específicas del alumnado, y por ello la programación es un documento base que debe adaptarse a través de lo que se conoce como programación de aula.

Todos los módulos requieren una programación didáctica que estructure y ordene las acciones de enseñanza previstas para el curso escolar y que las adapte a la realidad del aula. Se parte, por tanto, de una exigencia legal que se detalla más adelante en este mismo capítulo (el marco normativo). Así, la legislación señala la función que ha de cumplir la programación.

---

4   Para evitar repeticiones innecesarias, en este libro se utilizará el término «departamento didáctico» como sinónimo de «familia profesional».

No obstante, para justificar la programación didáctica no basta con mencionar la obligación legal. También se ha de señalar que se trata de una herramienta necesaria para organizar la enseñanza, para dotar de seguridad a la práctica docente y para que esta tenga éxito. Esto se ha de relacionar en la programación con la descripción del módulo que encabeza el capítulo: la importancia de este para la sociedad justifica la necesidad de programar su enseñanza.

La programación didáctica es, además, fundamental para el alumnado, puesto que se trata del plan de acción que detalla cómo desarrollarán sus competencias, cómo adquirirán las habilidades y los conocimientos necesarios para dar solución a problemas específicos asociados al perfil profesional del ciclo formativo, pero también a problemas cotidianos y a las preguntas que se hacen y que se harán en el futuro.

Reflexión

Aunque es necesario definir el concepto de «programación didáctica», la justificación de la programación no es obligatoria para el profesorado y por ello podría simplemente reducirse a un apartado externo al propio documento. De hecho, a nuestro parecer, la justificación de la programación didáctica debería incluirse en el documento «concreción curricular».

La concreción curricular, como se indica en el anexo B, es el apartado de carácter más pedagógico del PEC. Aquellos aspectos que afectan por igual a todos los módulos de un centro educativo o departamento didáctico deberían incluirse en esta concreción curricular para evitar repetir lo mismo en cada una de las programaciones didácticas de cada módulo.

No obstante, en el caso de que no se incluya en la concreción curricular, sí debería contemplarse en la programación didáctica.

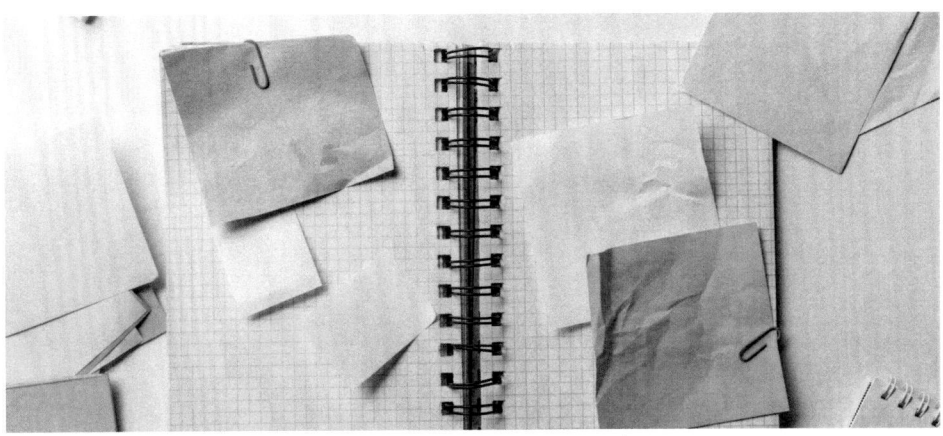

1.3. **Marco normativo**

Se entiende por marco normativo el conjunto de leyes que regulan el funcionamiento de la formación profesional.

Esta normativa se organiza en sucesivos niveles de concreción curricular, y por ello procede diferenciar entre los tres niveles siguientes:

1. Marco nacional.
2. Marco autonómico.
3. Marco de centro.

El marco nacional establece los aspectos básicos y los elementos mínimos, e incluye la Ley Orgánica que regula las enseñanzas del sistema educativo español, el real decreto que establece la ordenación del Sistema de FP, y el real decreto que establece el Título y fija los elementos básicos del currículo.

En el marco autonómico, las administraciones educativas de las comunidades autónomas establecen el currículo de las distintas enseñanzas, del que formarán parte los aspectos básicos definidos en el marco nacional. Este marco se desarrolla en base a decretos, órdenes y resoluciones.

En el marco de centro, se desarrolla y completa el currículo. Este marco se expone en el PEC y en todos los planes y programas que en él se incluyen. Entre estos, el documento «concreción curricular» resulta especialmente relevante y es de aplicación directa para la programación didáctica (véase anexo B).

Sin pretensión de profundizar y con el único objetivo de ofrecer una visión holística de los diferentes niveles de concreción curricular, se facilita el siguiente diagrama:

Diagrama 1.1. Niveles de concreción curricular

(1) Marco nacional

| Ley y Real Decreto de Ordenación de la FP | → | Real Decreto de Título y aspectos básicos del currículo |

(2) Marco autonómico

| Normativa autonómica de ordenación | → | Decreto u Orden de currículo de Título |

(4) Marco de centro

| Concreción curricular | ← | PEC |

(4) Marco de departamento didáctico

| Programación didáctica |

(5) Marco docente

| Programación de aula |

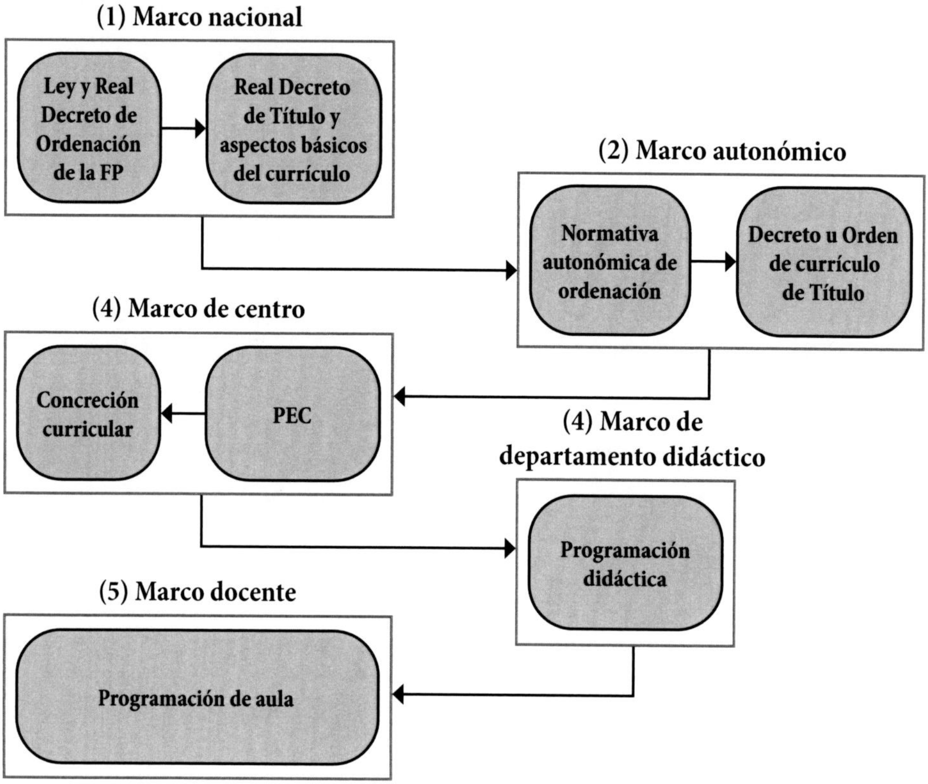

▓ Reflexión

Este apartado aportará fundamento legal a la programación didáctica, que como documento curricular operativo, debe ser coherente y adecuado a la legislación. Por tanto, conocer y enumerar la legislación que fundamenta las prácticas y decisiones del proceso de enseñanza y aprendizaje es una necesidad.

Desde nuestro punto de vista no es necesario enumerar toda la legislación, pero sí aquella que tiene una relación directa con el proceso de enseñanza y aprendizaje.

En el anexo C se proponen dos posibles estructuras de marco normativo. Se trata de marcos normativos actualizados en el momento de redacción de este apartado y contextualizados para la Administración educativa de la Comunidad Valenciana. Debe tomarse este anexo como un ejemplo, pero debe actualizarse para cada curso y adaptarse a cada comunidad autónoma.

Capítulo II.

Contextualización

> **«A veces, una respuesta puede variar según el contexto»**
> John Le Carré (1931-2020), *El Peregrino secreto*

En este segundo apartado de la programación didáctica se han de detallar las características del entorno en el que se pondrá en práctica la docencia: es lo que se entiende por «contexto». Las circunstancias de la práctica docente pueden ser muy diversas. El mismo módulo, con los mismos RRAA, criterios de evaluación (en adelante, CCEE) y contenidos, puede impartirse en centros muy distintos. Por ejemplo, puede tener lugar en un centro cuyas clases están formadas por veinte estudiantes procedentes de familias con un nivel socioeconómico medio-alto que cuenten con todos los medios necesarios y también puede tener lugar en otro centro en cuyas aulas se concentren más de treinta estudiantes con muchos menos medios a su disposición. Además, el tejido empresarial de ambos centros también puede ser muy distinto. En uno de los centros, por ejemplo, el sector predominante puede ser la automoción y en otro, la inyección de plástico.

Además, se ha de tener en cuenta la diversidad del alumnado para poder dar una respuesta individualizada a sus necesidades educativas. Se espera del profesorado que identifique estas características específicas para garantizar la igualdad de oportunidades y lograr todo su desarrollo potencial, es decir, para lograr la inclusión de todo el alumnado. Se trata de establecer estrategias para conseguir la equidad educativa.

Un análisis completo del contexto incluye tanto la descripción del entorno en el que se encuentra el centro educativo y sus características más relevantes (análisis externo), como la idiosincrasia del alumnado del grupo-clase (análisis interno). De esta forma se dota a la programación didáctica de un contexto completo que es precisamente lo que permite dar una adecuada respuesta educativa para la inclusión.

En este apartado debe incluirse:
1. El análisis del contexto externo.
2. El análisis del contexto interno

2.1. **Análisis externo**

El análisis del contexto externo comienza por definir la localidad (si se trata de un municipio pequeño o un entorno rural), distrito o barrio (en el caso de una ciudad) en el que se ubica el centro. En esta primera sección se ha de indicar si el centro está situado en un entorno rural o urbano, el número de habitantes y el sector económico predominante (la industria, el comercio, el turismo, la agricultura, etc.), así como algunos indicadores macroeconómicos, microeconómicos, demográficos, etc. que puedan resultar esenciales para describir el contexto (índices de población activa, renta per cápita, datos de inmigración, formación media según el marco europeo de cualificaciones[5], etc.). Esta información es importante porque determina el contexto individual en el que vive el alumnado e influye en sus referencias vitales, aspiraciones y motivaciones.

Posteriormente se procederá a la identificación de las características del entorno social y cultural del centro que pueden encontrarse en el PEC y por ello, este documento facilita la base para el análisis externo, ya que permite identificar los ítems que influyen en el módulo. No se trata de reproducir de manera literal la información presente en el PEC, sino de extraer la información relevante para identificar las fortalezas, debilidades, amenazas y oportunidades que influyen en el proceso de enseñanza y aprendizaje relacionadas con el módulo objeto de programación. Es decir, reflexionar sobre

---

5   El Marco Europeo de Cualificaciones (MEC) es un sistema de ocho niveles para todo tipo de titulaciones que está basado en los resultados de aprendizaje y sirve como instrumento de conversión entre los diferentes marcos nacionales de cualificaciones.

la influencia que tiene el contexto, pero hacerlo de manera concreta solo para el módulo objeto de la programación didáctica.

Se ofrecen a continuación dos ejemplos ilustrativos:

 EJEMPLO 2.I.

Análisis externo para una programación didáctica del módulo de «Técnicas de equitación»

(incluido en el título de Técnico en Guía en el medio natural y de tiempo libre, Real Decreto 402/2020, de 25 de febrero)

En el PEC del IES «AAA» se enumeran las características del entorno social y cultural. Si relacionamos estas características con el módulo de «Técnicas de equitación» es posible identificar las siguientes cuestiones:

- El centro está ubicado en un entorno natural y está muy extendida la práctica de deportes relacionados con la media y alta montaña. Además, esta circunstancia está muy presente en el tejido socioeconómico de la localidad, pues existen varias empresas relacionadas con la actividad física y el medio natural. Concretamente, existen cuatro empresas especializadas en la equitación y otras tantas empresas que ofrecen servicios directamente asociados. Se aprovechará esta circunstancia, de forma que, a través de actividades complementarias y extraescolares, el alumnado tendrá la oportunidad de vivenciar aplicaciones prácticas de este módulo con el sector empresarial.
- El entorno cercano al centro educativo cuenta con varias rutas apropiadas para la práctica de la equitación. Además, la dificultad de estas rutas es muy variada, lo que supone una fortaleza y una oportunidad para atender la diversidad del alumnado.

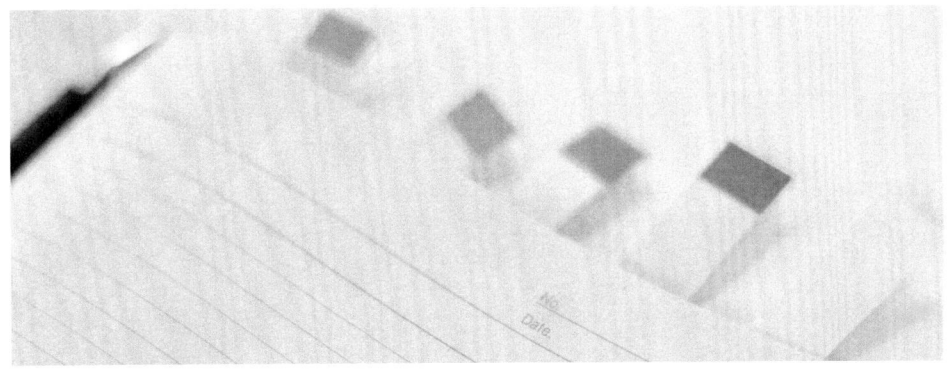

 EJEMPLO 2.2.

Análisis externo para una programación didáctica del módulo de «Desarrollo de pastas cerámicas»

(incluido en el título de Técnico Superior en Desarrollo y Fabricación de Productos Cerámicos, Real Decreto 1797/2008, de 3 de noviembre)

En el PEC del CIPFP «BBB» se enumeran las características del entorno social y cultural. Si relacionamos estas características con el módulo de «Desarrollo de pastas cerámicas» es posible identificar las siguientes cuestiones:

- La industria de la cerámica aporta el 22% del PIB de la provincia y está muy presente en la comarca en la que está ubicado el centro. Las empresas de este sector aportan una parte muy importante de la actividad económica, por lo que numerosos alumnos y familias ya tienen un contacto directo con esta actividad. Esto implica que el alumnado está familiarizado con el lenguaje y las aplicaciones asociadas a las pastas cerámicas. Es posible que se pueda emplear este estrecho contacto para desarrollar una actividad complementaria o extraescolar en alguna de las empresas del entorno en el que algún alumno tenga una estrecha relación.

- El sector se halla inmerso en un proceso de transformación, lo que hace especialmente importante un énfasis en la innovación y una formación del alumnado que considere la gestión de la calidad, la sostenibilidad de los procesos industriales y el desarrollo de productos y servicios de un mayor valor añadido. Este aspecto necesariamente debe trabajarse en las distintas situaciones de aprendizaje, es decir, la transformación y la innovación será una constante en el proceso de enseñanza y aprendizaje.

- Existe en la localidad una empresa de referencia nacional que cuenta con varias patentes relacionadas con el desarrollo y la manufactura de pastas cerámicas específicas para usos industriales, tales como aislantes eléctricos y térmicos. Se prevé realizar diferentes actividades directamente relacionadas con esta empresa.

Reflexión

Proponemos elaborar el análisis externo de manera que facilite las claves para dar contexto a las actividades, las tareas y los proyectos del módulo, de forma que estos sean significativos para el alumnado y se puedan aprovechar los recursos materiales e inmateriales que el contexto pone al alcance del profesorado.

Además, este análisis externo también puede identificar las empresas y organismos equiparados en los que podría desarrollarse la formación dual.

Teniendo en cuenta el Index for Inclusion[6], se debería fomentar la relación con el entorno de forma bidireccional. Es decir, no solo deberíamos tener en cuenta el entorno para adaptarnos a él, sino debemos intentar influir en su transformación. Este aspecto es muy relevante y la formación dual supone una oportunidad para llevarlo a la práctica. En ocasiones nos «quejamos» de cómo es la sociedad y la cultura empresarial. Precisamente a través de la educación podemos influir en estas relaciones sociales y en esta cultura, para mejorar y revertir, por ejemplo, la competitividad y el individualismo en cooperación.

2.2. Análisis interno

El contexto del centro es muy importante porque crea realidades distintas según cada centro educativo. Las características del mismo, tales como tamaño, enseñanzas que se imparten, recursos con los que se cuenta, programas a los que pertenece, etc. deben quedar reflejados en el PEC. Se propone hacer mención a estas características de forma transversal y en el apartado en que proceda: situaciones de aprendizaje, orientaciones metodológicas, evaluación del y para el aprendizaje, etc.

Por tanto, se sugiere no dedicar un apartado exclusivo de la programación didáctica a las características internas del centro educativo, pues se entiende que todos ellos deberían contar con los recursos y espacios necesarios para desarrollar el proceso de enseñanza y aprendizaje con el mínimo de calidad esperado.

En este sentido, se propone centrar el análisis del contexto interno en el alumnado, ya que este es la piedra angular del proceso de enseñanza y apren-

---

6   El Index for inclusion (https://index-for-inclusion.org/en/) es una herramienta que permite a los centros educativos desarrollar y mejorar su cultura, sus políticas y sus prácticas de inclusión.

dizaje. En consecuencia, el diseño de la programación didáctica debe tomar como punto de partida la idiosincrasia de los principales protagonistas: las alumnas y los alumnos.

El objetivo es conocer la influencia de la tipología del alumnado sobre la programación didáctica, las posibles barreras para el aprendizaje, costumbres, relaciones, procedencias, etc. No se trata de realizar un análisis pormenorizado, sino más bien de tener una visión general de los distintos grupos.

Si se toma como referencia la información de la que dispone el docente, es posible tomar una «radiografía» de cada grupo-clase. Esta información puede proceder de los distintos historiales académicos, del plan de transición entre etapas, de los potenciales análisis globales del departamento de orientación y de la evaluación inicial. Esta última no necesariamente ha de consistir en un examen, sino que puede tomar la forma de una prueba, una entrevista, un proyecto, o cualquier otro instrumento de evaluación.

Este análisis puede plasmarse en la programación didáctica de formas diversas, en función de la concreción curricular de cada centro educativo. Por ejemplo, podría realizarse una valoración global de todo el alumnado de un mismo curso y posteriormente un análisis más detallado en las programaciones de aula de cada uno de los grupos. Otra posibilidad sería realizar un análisis diferenciado por grupos en el que cada uno se describa con un apartado o párrafo diferenciado en el que se identifiquen los rasgos más importantes.

En relación a la inclusión de datos de carácter personal, es decir, cualquier tipo de información que pueda utilizarse para identificar a una persona en concreto, se han de recabar y utilizar solo aquellos datos que sean pertinentes. Se sigue así lo estipulado en el artículo 5 del Reglamento (UE) 2016/679 del Parlamento Europeo y del Consejo de 27 de abril de 2016 (RGPD). Este artículo indica que solo se han de recoger y utilizar los datos personales que sean estrictamente necesarios para la finalidad perseguida en cada caso. Por tanto, puesto que no son imprescindibles en la programación didáctica, no procede incluir ningún dato de carácter personal en el análisis y menos aún, datos considerados como especialmente sensibles, como por ejemplo los de carácter médico.

Además, se ha de evitar el uso de etiquetas, tengan connotación positiva o negativa, ya que se incurre en el riesgo de condicionar al lector y por tanto crear una percepción del alumnado que puede afectar al concepto que tienen de sí mismos y a su desempeño como estudiantes.

Se ofrecen a continuación tres ejemplos ilustrativos (grado básico, medio y superior):

 EJEMPLO 2.3.

Análisis interno diferenciado por grupos para una programación didáctica del título profesional básico en Servicios Administrativos

(incluido en el Real Decreto 127/2014, de 28 de febrero, por el que se regulan aspectos específicos de la Formación Profesional Básica de las enseñanzas de formación profesional del sistema educativo, se aprueban catorce títulos profesionales básicos, se fijan sus currículos básicos y se modifica el Real Decreto 1850/2009, de 4 de diciembre, sobre expedición de títulos académicos y profesionales correspondientes a las enseñanzas establecidas en la Ley Orgánica 2/2006, de 3 de mayo, de Educación)

En base a la información de los distintos historiales académicos, los informes individualizados del alumnado, de la evaluación competencial inicial y el sociograma facilitado por el departamento de orientación, se deducen los siguientes datos, que se presentan de forma detallada:

Grupo A

- El número total de estudiantes es de 15:
    - 5 chicos y 10 chicas.
    - 13 han accedido tras cursar 3.º de ESO, uno ha accedido excepcionalmente tras cursar 2.º de ESO y hay un estudiante que no ha promocionado.
    - Tienen una edad media de 15,4 años.
- Existe una amplia diversidad en cuanto a la procedencia del alumnado, ya que un tercio de ellos ha nacido fuera de España y han sido escolarizados en el extranjero la mayor parte de su vida académica.
- Un alumno cuenta con un informe sociopsicopedagógico actualizado que acredita un trastorno de déficit de atención con hiperactividad (TDAH).
- Un alumno presenta problemas de conducta.
- El desarrollo operativo se abordará en los apartados de Orientaciones metodológicas, Apoyo a la inclusión y Evaluación del y para el aprendizaje.

Grupo B

- El número total de estudiantes es de 14:
    - 7 chicos y 7 chicas.

- 12 han accedido tras cursar 3.º de ESO y hay dos estudiantes que no han promocionado.
  - Tienen una edad media de 15,6 años.
- Existe diversidad en cuanto a la procedencia del alumnado, pero este curso es relativamente más homogéneo que el grupo A, pues la mayor parte del alumnado procede del propio centro.
- Una alumna presenta dificultades de movilidad que requieren la adaptación del pupitre, el acceso al ascensor del centro y el uso de un lavabo adaptado. Esta persona podría requerir puntualmente la asistencia de un compañero.
- Dos alumnos presentan problemas de conducta.
- El desarrollo operativo se abordará en los apartados de Orientaciones metodológicas, Apoyo a la inclusión y Evaluación del y para el aprendizaje.

   EJEMPLO 2.4.

Análisis interno diferenciado por grupos para una programación didáctica del título profesional de técnico en Sistemas microinformáticos y redes

(incluido en el título de Técnico en Sistemas Microinformáticos y Redes, Real Decreto 1691/2007, de 14 de diciembre)

En base a la información de los distintos historiales académicos, los informes individualizados del alumnado, de la evaluación competencial inicial y el sociograma facilitado por el departamento de orientación, se deducen los siguientes datos, que se presentan de forma detallada:

Grupo A

- El número total de estudiantes es de 21:
  - 18 chicos y 3 chicas.
  - 18 han accedido tras cursar 4.º de ESO, dos proceden de un ciclo formativo de grado básico y un estudiante no ha promocionado.
- Las entrevistas iniciales sugieren que existe gran interés por la temática de los estudios y que varios de los alumnos ya tienen una cierta experiencia en pequeños proyectos que han elaborado en su tiempo libre, en general de forma colaborativa.

- Un alumno cuenta con un informe sociopsicopedagógico actualizado que acredita dificultades específicas de aprendizaje asociadas a la velocidad de lectura y comprensión.
- El desarrollo operativo se abordará en los apartados de Orientaciones metodológicas, Apoyo a la inclusión y Evaluación del y para el aprendizaje.

Grupo B
- El número total de estudiantes es de 25:
  - 18 chicos y 7 chicas.
  - 20 han accedido tras cursar 4.º de ESO, tres mediante una prueba de acceso y dos estudiantes no han promocionado.
- Las entrevistas iniciales sugieren que en este grupo el interés por los estudios se debe especialmente a la percepción del título como una buena herramienta para lograr una carrera profesional estable y exitosa. La mayor parte de los alumnos declaran no tener ninguna experiencia con la temática de los estudios.
- Un alumno cuenta con un informe médico que acredita que sufre de migrañas.
- Una alumna presenta problemas de conducta.
- El desarrollo operativo se abordará en los apartados de Orientaciones metodológicas, Apoyo a la inclusión y Evaluación del y para el aprendizaje.

 EJEMPLO 2.5.

Análisis interno para una programación didáctica del módulo profesional de «Procesos en industrias de carpintería y mueble»

(incluido en el título de Técnico Superior en Diseño y Amueblamiento, Real Decreto 1579/2011, de 4 de noviembre)

En base a la información de los distintos historiales académicos, los informes individualizados del alumnado, de la evaluación competencial inicial y el sociograma facilitado por el departamento de orientación, se deducen los siguientes datos, que se presentan de forma global:

- El número total de estudiantes es de 22:

- 5 chicas y 17 chicos.
- 15 han accedido con la titulación de Técnico, de los cuales 10 han estudiado el ciclo formativo de «Instalación y amueblamiento» y 5 el de «Carpintería y mueble».
- 5 estudiantes han accedido a través del bachillerato en modalidad de ciencia y tecnología.
- 1 estudiante ha accedido a través de prueba de acceso.
- 1 estudiante no ha promocionado.

- Existe gran diversidad en cuanto a la procedencia del alumnado, pero la mayoría (16 de 22) tiene conocimientos básicos de la familia profesional (madera, mueble y corcho). Al menos los 15 estudiantes que han accedido con su titulación de Técnico y el estudiante que ha accedido a través de prueba de acceso.
- 1 estudiante tiene dificultades de aprendizaje asociadas al lenguaje.
- 5 estudiantes compatibilizan el estudio con el trabajo y, además, dos de ellos son padres de familia.

El desarrollo operativo se abordará en los apartados de Orientaciones metodológicas, Apoyo a la inclusión y Evaluación del y para el aprendizaje.

Reflexión

Proponemos centrar el análisis interno en el alumnado y no en el centro educativo. Cada uno de ellos tiene sus peculiaridades, pero todos deben contar con los recursos necesarios para atender al alumnado con el mínimo de calidad esperado. La tipología de alumnado sí condiciona las estrategias didácticas, el enfoque de las actividades de enseñanza y aprendizaje, la metodología, y, en general, las medidas de respuesta educativa.

Precisamente por esto, el análisis interno es un apartado clave para poder completar con solvencia los apartados: «Orientaciones metodológicas», «Apoyo a la inclusión» y «Evaluación del y para el aprendizaje».

Capítulo III.

Carácter intermodular

> «La explotación eficaz de sus capacidades de abstracción debe ser considerada como una de las actividades más vitales de un programador competente»
>
> Dr. Edsger Dijkstra (1930-2002)

A través de este apartado de la programación didáctica se pretende obtener una visión holística del ciclo formativo, reflexionar sobre las competencias y objetivos generales y sobre el proceso tecnológico del ciclo y del módulo, así como identificar las relaciones entre los distintos módulos que constituyen el ciclo formativo. Es por esto que se ha decidido el nombre «carácter intermodular». El profesorado, a través de la reflexión asociada a este capítulo, obtendrá una visión global que le permitirá afinar el propósito y el enfoque de la programación didáctica.

Dicho esto, antes de abordar esta cuestión se ha de tener en cuenta la complejidad de la actual oferta de FP, ya que en el momento de redacción de esta obra coexisten títulos basados en tres bloques de legislación distintos:

1. Ley Orgánica de Ordenación General del Sistema Educativo, de 1990 (LOGSE).
2. Ley Orgánica 5/2002, de 19 de junio, de las Cualificaciones y de la Formación Profesional y la Ley Orgánica de Educación, de 2006 (LOE).
3. Ley Orgánica 3/2022, de 31 de marzo, de ordenación e integración de la Formación Profesional y la Ley Orgánica por la se Modifica la Ley Orgánica de Educación, de 2020 (LOMLOE).

Cabe esperar que los ciclos formativos fundamentados en la LOGSE se sustituyan por ciclos LOMLOE con relativa rapidez, por lo que en este libro no se hará mención alguna a los conceptos legislativos que en ellos se incluyen (capacidades profesionales, dominios profesionales, capacidades terminales...). Ahora bien, se prevé que el periodo de actualización de los títulos LOE por los LOMLOE se prolongue en el tiempo, por lo que, aunque se dará prioridad a los términos introducidos por los títulos LOMLOE, necesariamente se hará también mención a los términos LOE.

Para aquellas personas que no se encuentren familiarizadas con la terminología específica, en el anexo D se incluyen las definiciones de los conceptos curriculares de la FP que se deben conocer[7]. Se anima a su lectura antes de continuar con este capítulo.

Partiendo de estos conceptos, el objeto de este capítulo es facilitar al profesorado las herramientas para que pueda obtener una visión del conjunto en el que se ubica el módulo para el que se programa, de forma que se situe con precisión su función en el contexto del ciclo formativo y puedan establecerse con seguridad los pilares básicos que sustentarán las situaciones de aprendizaje que lo desarrollen en el aula.

Por tanto, no se trata de un capítulo diseñado para ser transpuesto exactamente como un apartado más de la programación didáctica, como ocurre con los capítulos anteriores, que introducen el módulo y facilitan las claves para el análisis externo e interno, respectivamente. En este caso, se detalla una propuesta para analizar en detalle el módulo y extraer toda la información de los RRAA que lo componen.

De hecho, puesto que los RRAA son los elementos esenciales del currículo, se utilizarán en el apartado quinto de la programación (capítulo V) como la unidad con la que secuenciar las situaciones de aprendizaje (en adelante SSAA). Es decir, cada situación de aprendizaje (en adelante SA) estará diseñada para alcanzar uno o varios RRAA y el conjunto de las SSAA que se desarrollen durante el curso permitirán que el alumnado alcance todos los RRAA previstos en el currículo.

Para que esto sea posible, se propone establecer previamente su relación con los objetivos y las competencias asociadas al módulo, de manera que al dar respuesta a los RRAA y al evaluarlos adecuadamente se pueda dar fe

---

7   Los conceptos son los siguientes: perfil profesional; estándar de competencia; competencia general; competencias profesionales; resultados de aprendizaje; proceso tecnológico; objetivos generales.

de que también se adquieren los objetivos y las competencias. A través del análisis de los RRAA también es posible identificar las distintas fases del proceso industrial o de servicios que corresponde al módulo y, en consecuencia, establecer su proceso tecnológico.

Por último, se ha de considerar que en el caso de la FP existe una relación muy próxima entre determinados módulos que conforman un ciclo formativo. Dada además la gran flexibilización organizativa que el actual marco normativo concede a los centros educativos, es posible reestructurar los módulos, si bien la unidad mínima de referencia sigue siendo el resultado de aprendizaje (en adelante RA).

Precisamente por este motivo, se ha tomado el RA como ítem esencial en esta propuesta, cuyo último paso consiste en analizar los RRAA del resto de módulos que conforman el ciclo formativo e identificar la conexión con el módulo objeto de programación. El proceso detallado que se plantea es el siguiente:

1. Diseñar el proceso tecnológico del ciclo formativo a partir del análisis de la competencia general y de las competencias profesionales y para la empleabilidad.
2. Identificar y contextualizar al módulo las competencias profesionales y para la empleabilidad asociadas y los objetivos generales asociados.
3. Elaborar una tabla que relacione las competencias, los objetivos y los RRAA.
4. Diseñar el proceso tecnológico específico del módulo, teniendo en cuenta la globalidad del proceso tecnológico del ciclo formativo y los RRAA específicos del propio módulo.
5. Establecer las relaciones con otros módulos.

El resultado de este proceso es una visión general del módulo y su relación con el ciclo. En esencia, en este apartado debe incluirse:

1. Proceso tecnológico del ciclo formativo.
2. Competencias y objetivos del módulo.
3. Relación entre competencias, objetivos y RRAA.
4. Proceso tecnológico del módulo.
5. Conexión entre módulos.

3.1. **El proceso tecnológico del ciclo formativo**

Dado que el proceso tecnológico del ciclo formativo es el mismo para todos los módulos de ese ciclo, se recomienda incluirlo únicamente en la concreción curricular del departamento didáctico. Solo habría que incorporarlo en la programación didáctica en el supuesto de que no exista el documento de concreción curricular.

Una posible forma de diseñar el proceso tecnológico es la siguiente:

1. Analizar la competencia general del ciclo formativo e identificar los diferentes bloques que pudiera incluir.

2. Examinar las competencias profesionales y para la empleabilidad del ciclo formativo e identificar las relación existente entre ellas.

3. Representar los bloques de la competencia general y la relación entre competencias profesionales y para la empleabilidad a través de un diagrama de flujo.

En el caso de la competencia general, se sintetiza en un único párrafo toda la información. Por su parte, la redacción de las competencias profesionales y para la empleabilidad es más detallada y, entre todas ellas, desarrollan la competencia general.

Las disposiciones reglamentarias de cada ciclo formativo incluyen la redacción de la competencia general y de las competencias profesionales y para la empleabilidad. Aunque no siempre es así, usualmente la sintaxis empleada, tanto para la competencia general como para las competencias profesionales y para la empleabilidad, guarda la misma estructura: el «qué» y el «cómo».

 EJEMPLO 3.1.

Competencia general y dos competencias profesionales del Título de Técnico en Peluquería y Cosmética Capilar

(incluido en el Real Decreto 1588/2011, de 4 de noviembre)

La competencia general se incluye en el artículo 4:

> La competencia general de este título consiste en realizar el cuidado y embellecimiento del cabello, la estética de manos y pies y el estilismo masculino, así como comercializar servicios y venta de cosméticos, cumpliendo los protocolos de calidad, prevención de riesgos laborales y protección ambiental.

En esta redacción puede identificarse el «qué» (*realizar el cuidado y embellecimiento del cabello, la estética de manos y pies y el estilismo masculino, así como comercializar servicios y venta de cosméticos*) y el «cómo» (*cumpliendo los protocolos de calidad, prevención de riesgos laborales y protección ambiental*).

Las competencias profesionales se incluyen en el artículo 5. Dos de estas competencias son:

> a) Recepcionar, almacenar y distribuir el material de peluquería, controlando su consumo y el stock.

> j) Realizar técnicas de barbería y peluquería masculina, identificando las demandas y necesidades del cliente.

Como ocurre con la competencia general, aquí también puede identificarse el «qué» (*recepcionar, almacenar y distribuir... o realizar técnicas...*) y el «cómo» (*controlando... o identificando...*).

 **EJEMPLO 3.2.**

Competencia general y dos competencias profesionales del Título de Técnico Superior en Educación Infantil

(incluido en el Real Decreto 1394/2007, de 29 de octubre)

La competencia general se incluye en el artículo 4:

> La competencia general de este título consiste en diseñar, implementar y evaluar proyectos y programas educativos de atención a la infancia en el primer ciclo de educación infantil en el ámbito formal, de acuerdo con la propuesta pedagógica elaborada por un Maestro con la especialización en educación infantil o título de grado equivalente, y en toda la etapa en el ámbito no formal, generando entornos seguros y en colaboración con otros profesionales y con las familias.

En esta redacción puede identificarse el «qué» (*diseñar, implementar y evaluar proyectos y programas educativos de atención a la infancia en el primer ciclo de educación infantil en el ámbito formal*) y el «cómo» (*de acuerdo con la propuesta pedagógica elaborada por un Maestro con la especialización en educación infantil o título de grado equivalente, y en toda la etapa en el ámbito no formal y generando entornos seguros y en colaboración con otros profesionales y con las familias*).

Las competencias profesionales se incluyen en el artículo 5. Dos de estas competencias son:

> b) Organizar los recursos para el desarrollo de la actividad respondiendo a las necesidades y características de los niños y niñas.
>
> d) Diseñar y aplicar estrategias de actuación con las familias, en el marco de las finalidades y procedimientos de la institución, para mejorar el proceso de intervención.

Como ocurre con la competencia general, aquí también puede identificarse el «qué» (*organizar... o diseñar y aplicar estrategias...*) y el «cómo» (*respondiendo a las necesidades...o en el marco de las finalidades y procedimientos...*).

A continuación se ofrecen dos ejemplos de posibles procesos tecnológicos.

EJEMPLO 3.3.

Proceso tecnológico del ciclo formativo de grado medio de «Peluquería y Cosmética Capilar»

Diagrama 3.3 -
Proceso Tecnológico del ciclo de Peluquería y cosmética capilar.

Inicio

a. Recepcionar el material

b. Recepcionar a los clientes

e. Realizar cambios de forma

a. Almacenar

c. Comprobar el estado del cabello

f. Teñir y decolorar

g. Cambiar la longitud del cabello

k. Informar al cliente sobre los cuidados

a. Controlar consumo y stock

d. Preparar el puesto de trabajo

h. Efectuar peinados y recogidos

l. Promocionar y vender productos y servicios

i. Aplicar técnicas de manicura y pedicura

j. Realizar técnicas de barbería y peluquería masculina

m. Adaptarse a situaciones laborables cambiantes
n. Actuar con responsabilidad y autonomía
ñ. Resolver incidencias
o. Comunicarse eficazmente
p. Aplicar protocolos y medidas de prevención de riesgos laborales
q. Aplicar procedimientos de calidad, accesibilidad y diseño para todos
s. Ejercer sus derechos y cumplir sus obligaciones

r. Realizar la gestión básica para el diseño y funcionamiento de una pequeña empresa

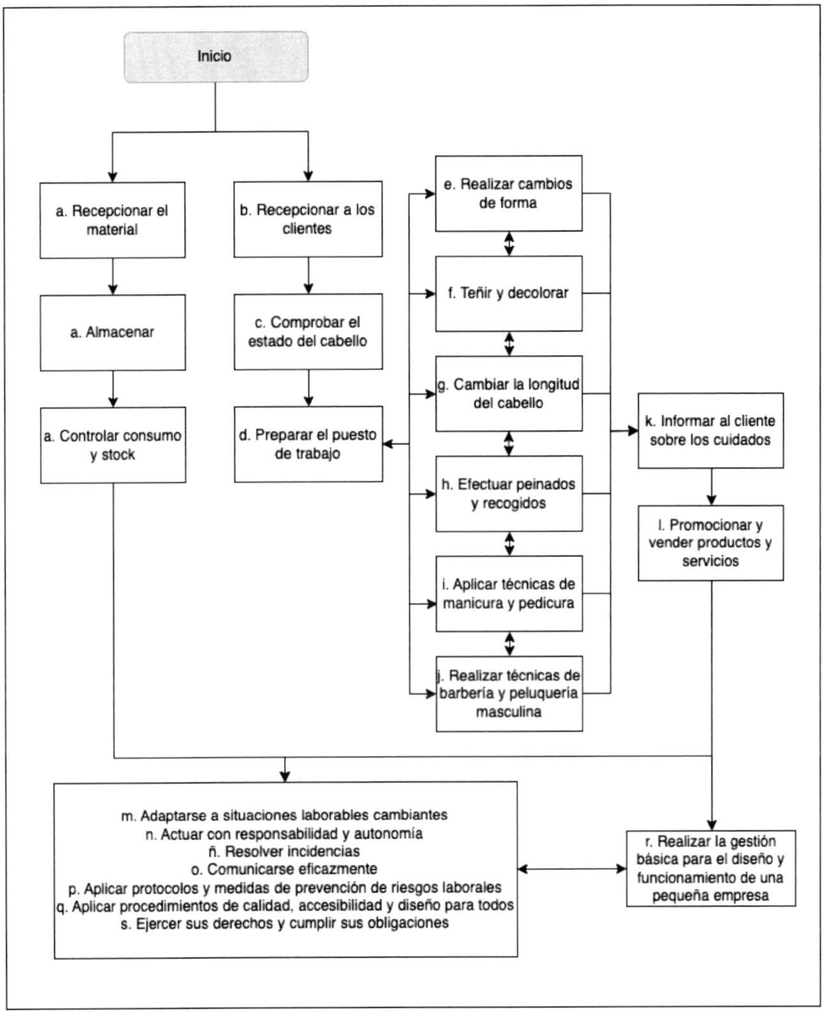

Si se comparan las fases del proceso tecnológico representado en el diagrama 3.3 con las competencias profesionales y para la empleabilidad del Título de Técnico en Peluquería y Cosmética Capilar (artículo 5 del R.D. 1588/2011) podrá identificarse la relación existente. De hecho, la letra que precede cada bloque del diagrama corresponde a la letra identificativa de cada competencia.

 EJEMPLO 3.4.

Proceso tecnológico del ciclo formativo de grado superior de «Educación Infantil».

Diagrama 3.4 - Proceso Tecnológico del ciclo de Educación Infantil.

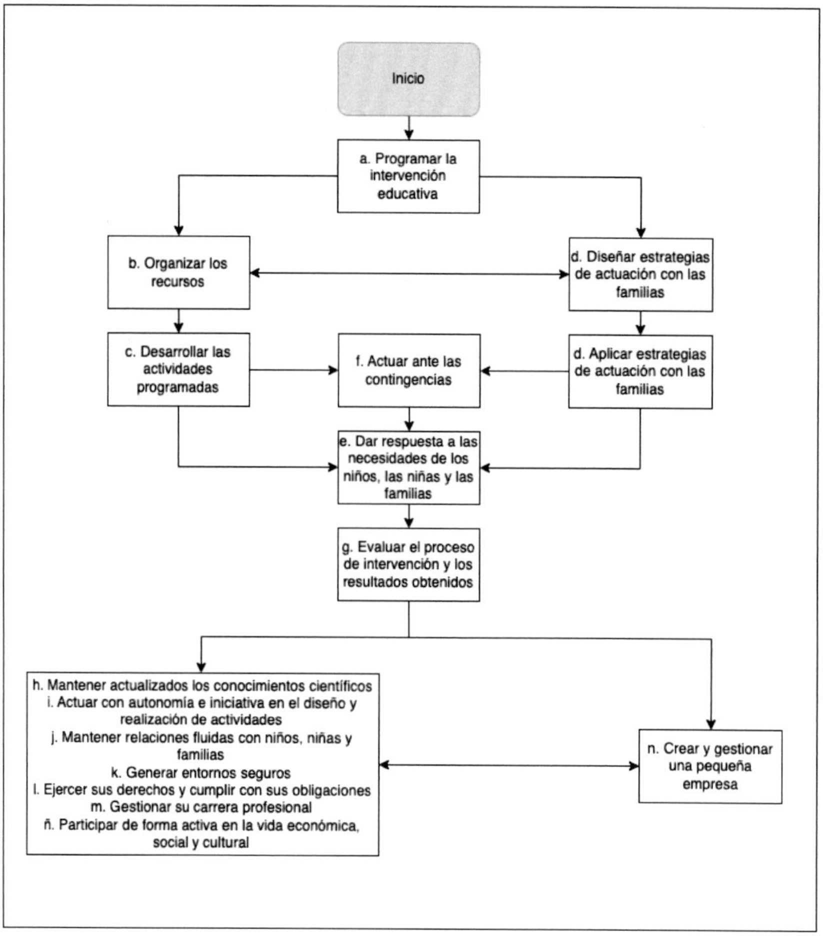

Inicio

a. Programar la intervención educativa

b. Organizar los recursos

d. Diseñar estrategias de actuación con las familias

c. Desarrollar las actividades programadas

f. Actuar ante las contingencias

d. Aplicar estrategias de actuación con las familias

e. Dar respuesta a las necesidades de los niños, las niñas y las familias

g. Evaluar el proceso de intervención y los resultados obtenidos

h. Mantener actualizados los conocimientos científicos
i. Actuar con autonomía e iniciativa en el diseño y realización de actividades
j. Mantener relaciones fluidas con niños, niñas y familias
k. Generar entornos seguros
l. Ejercer sus derechos y cumplir con sus obligaciones
m. Gestionar su carrera profesional
ñ. Participar de forma activa en la vida económica, social y cultural

n. Crear y gestionar una pequeña empresa

Si se comparan las fases del proceso tecnológico representado en el diagrama 3.4 con las competencias profesionales y para la empleabilidad del Título de Técnico Superior en Educación Infantil (artículo 5 del R.D. 1394/2007) podrá identificarse la relación existente. De hecho, la letra que precede cada bloque del diagrama corresponde a la letra identificativa de cada competencia.

3.2. Competencias y objetivos del módulo

Como se indica en el anexo D, los objetivos generales expresan los resultados esperados del alumnado como consecuencia del proceso formativo y se obtienen a partir de las competencias. Su finalidad es facilitar la planificación didáctica. Por su parte, las competencias constituyen el conjunto de conocimientos y destrezas que permiten el ejercicio de la actividad profesional conforme a las exigencias de la producción y el empleo. Por tanto, las competencias se redactan pensando en las futuras exigencias laborales del alumnado, mientras que los objetivos suponen una adaptación para poder desarrollar estas competencias en el aula.

De cada competencia profesional se deduce, al menos, un objetivo general. La sintaxis empleada en la redacción de los objetivos generales responde a la estructura: «qué», «cómo» y «para qué»

 EJEMPLO 3.5.

Relación entre competencia profesional y objetivo general

Veamos dos ejemplos de la relación existente entre competencias y objetivos generales. En el primero de ellos, existe un único objetivo para la competencia. En el segundo ejemplo, la competencia se descompone en dos objetivos.

Real Decreto 114/2017, de 17 de febrero, por el que se establece el título de Técnico en redes y estaciones de tratamiento de aguas y se fijan los aspectos básicos del currículo.	
Competencia profesional	Objetivo asociado
a) Ejecutar tajos de obra de albañilería y hormigón, organizando las actividades y asignando recursos.	a) Seleccionar los recursos necesarios identificando las actividades y su organización para ejecutar tajos de obra de albañilería y hormigón.

Real Decreto 1581/2011, de 4 de noviembre, por el que se establece el Título de Técnico Superior en Automatización y Robótica Industrial y se fijan sus enseñanzas mínimas.	
Competencia profesional	Objetivos asociados
j) Replantear la instalación de acuerdo con la documentación técnica, resolviendo los problemas de su competencia e informando de otras contingencias para asegurar la viabilidad del montaje.	j) Identificar los recursos humanos y materiales, teniendo en cuenta la documentación técnica, para replantear la instalación.
	k) Resolver problemas potenciales en el montaje, utilizando criterios económicos, de seguridad y de funcionalidad, para replantear la instalación.

Fíjese en la relación entre objetivos y competencias y también en la sintaxis empleada en cada caso. La competencia difícilmente podrá lograrse en un centro educativo y en el mejor de los casos podría lograrse de manera simulada. En cambio, los objetivos sí pueden conseguirse en un centro educativo. Aquí radica la principal diferencia entre competencias y objetivos. Y precisamente por este motivo, sin perder de vista las competencias, recomendamos centrarnos en los objetivos generales, más que en las competencias profesionales.

En el anexo I de los reales decretos que establecen cada título y fijan sus enseñanzas mínimas o aspectos básicos del currículo se desarrollan los elementos esenciales de cada módulo:

- RRAA.
- CCEE.
- Contenidos.
- Orientaciones pedagógicas.

En las orientaciones pedagógicas asociadas a cada módulo se establece, entre otros aspectos, la relación de competencias y objetivos generales a los que contribuye a alcanzar cada módulo.

En este apartado de la programación didáctica se propone precisamente incluir esta relación de competencias y objetivos generales a los que contribuye alcanzar el módulo. Se mantiene la misma redacción de competencias, pero se contextualiza la redacción de objetivos generales asociados. Es decir, no se trata de trasladar a la programación didáctica la misma redacción que aparece en la correspondiente disposición legislativa. Lo que se propone es mantener la redacción de competencias y adaptar la redacción de los objetivos generales. Se trata de contextualizar y hacer propia la redacción de estos objetivos generales, definiendo con claridad cómo se va a contribuir a su logro desde el módulo.

 EJEMPLO 3.6.

Parte de la redacción del subapartado «Competencias y objetivos del módulo profesional» del módulo de «Automatismos neumáticos e hidráulicos»

(incluido en el Título de Técnico en Mantenimiento Electromecánico, Real Decreto 1589/2011, de 4 de noviembre, modificado por el RD 288/2023, de 18 de abril)

En las orientaciones pedagógicas asociadas al módulo profesional, recogidas en el anexo I del Título de Técnico en Mantenimiento Electromecánico, se indica que: «La formación del módulo contribuye a alcanzar los objetivos generales a), e), f), m), n), o) y r) del ciclo formativo y las competencias profesionales, personales y sociales a), d), e), h), i), j), m) y p) del título».

Las competencias profesionales, personales y sociales indicadas son:

a) Obtener los datos necesarios a partir de la documentación técnica para realizar las operaciones asociadas al montaje y mantenimiento de las instalaciones.

d) Proponer modificaciones de las instalaciones de acuerdo con la documentación técnica para garantizar la viabilidad del montaje, resolviendo los problemas de su competencia e informando de otras contingencias.

e) Montar los sistemas...

(...)

p) Aplicar los protocolos y las medidas preventivas de riesgos laborales y protección ambiental durante el proceso productivo, para evitar daños en las personas y en el entorno laboral y ambiental.

La adaptación y concreción de los objetivos generales asociados al módulo de Automatismos neumáticos e hidráulicos es la siguiente:

a) Identificar la información relevante, interpretando planos, esquemas y fichas técnicas de los automatismos neumáticos e hidráulicos, para obtener los datos necesarios.

e) Identificar los componentes hidráulicos, neumáticos y elementos auxiliares de una instalación electromecánica, interpretando la documentación técnica para montar los sistemas mecánicos.

f) Fijar y conectar los componentes hidráulicos, neumáticos y elementos auxiliares de una instalación electromecánica, manejando herramientas y aplicando técnicas de montaje para montar los sistemas mecánicos.

m) Identificar y localizar la causa de la disfunción del automatismo neumático o hidráulico, relacionándola con los efectos producidos para diagnosticar disfunciones.

(...)

r) Analizar y utilizar los recursos existentes para el aprendizaje a lo largo de la vida y las tecnologías de la información y la comunicación para aprender y actualizar sus conocimientos, reconociendo las posibilidades de mejora profesional y personal, para adaptarse a diferentes situaciones profesionales y laborales.

Notas aclaratorias asociadas a este ejemplo:

1. El R.D. 288/2023 modifica determinados ítems del R.D. 1589/2011, entre los que no se encuentran las competencias profesionales, personales y sociales ni los objetivos generales.

2. Las competencias profesionales, personales y sociales pueden consultarse en el artículo 5 del R.D. 1589/2011.

3. Los objetivos generales pueden consultarse en el artículo 9 del R.D. 1589/2011.

4. La redacción de las competencias profesionales, personales y sociales del ejemplo es la misma que puede leerse en el artículo 5.

5. La redacción de los objetivos generales del ejemplo, en relación a la que puede leerse en el artículo 9, se ha mantenido en algunos casos (por ejemplo, el objetivo «e»), mientras que otros se ha adaptado (por ejemplo, el objetivo «a»).

3.3. **Relación entre competencias, objetivos y RRAA**

Tras haber reflexionado sobre el proceso tecnológico del ciclo formativo y las competencias y objetivos asociados al módulo, es el momento de dar un paso más y profundizar en el módulo objeto de programación. Para ello, es necesario analizar los RRAA que lo desarrollan.

Como se indica en el anexo D, el RA es el elemento básico del currículo que describe lo que se espera que un estudiante conozca, comprenda y sea capaz de hacer, asociado a un elemento de competencia. En el anexo I de los reales decretos que determinan los títulos de FP se detallan los RRAA de cada módulo. Como ocurre con las competencias y los objetivos, los RRAA también siguen una determinada sintaxis de redacción que responde a la estructura: «qué» (logro y objeto) y «cómo» (acciones en el contexto de aprendizaje). Conocer esta sintaxis facilitará notablemente la interpretación de lo que pretende el marco legislativo que conozca, comprenda y sea capaz de hacer el alumnado en un determinado módulo.

 EJEMPLO 3.7.

Sintaxis de diferentes RRAA

Familia profesional	RRAA		
	Qué		Cómo
	Logro	Objeto	Acciones en el contexto de aprendizaje
Fabricación mecánica	Repara	útiles de corte y conformado de chapa	relacionando sus acabados con las características del producto que desea obtener.
Agraria	Monta	instalaciones de riego	identificando los elementos de la instalación y las técnicas de montaje.
Sanidad	Elabora	aparatos removibles de ortodoncia	seleccionando aditamentos según prescripción facultativa

En este subapartado, con el objetivo de dar un paso más en el entendimiento y concreción del módulo objeto de programación, se propone relacionar las competencias, los objetivos y los RRAA. Para ello, se puede utilizar una tabla de tres columnas y tantas filas como RRAA tenga asociado el módulo. Se trata de interiorizar el propósito de los RRAA a través de un ejercicio que relacione estos elementos curriculares con las competencias y objetivos. El proceso es relativamente sencillo y tan solo requiere la lectura detallada de los RRAA, las competencias y los objetivos, y la posterior relación entre ellos. En ocasiones, el «qué», es decir, el logro esperado, ya aporta la información suficiente para poder relacionar estos tres elementos curriculares.

 **EJEMPLO 3.8.**

Parte de la redacción del subapartado «Relación entre RRAA, objetivos y competencias» del módulo de «Automatismos neumáticos e hidráulicos»

(incluido en el Título de Técnico en Mantenimiento Electromecánico, Real Decreto 1589/2011, de 4 de noviembre, modificado por el RD 288/2023, de 18 de abril)

De acuerdo con el anexo I del R.D. 288/2023, de 18 de abril, el módulo de «Automatismos neumáticos e hidráulicos» incluye los siguientes RRAA:

1. Identifica los elementos que componen los circuitos neumáticos y electroneumáticos, atendiendo a sus características físicas y funcionales.
2. Identifica los elementos que componen los circuitos hidráulicos y electrohidráulicos, atendiendo a sus características físicas y funcionales.
3. Monta automatismos neumático/electro-neumático e hidráulico/electrohidráulico, interpretando la documentación técnica, aplicando técnicas de conexionado y realizando pruebas y ajustes funcionales.
4. Diagnostica el estado de elementos de sistemas neumáticos e hidráulicos, aplicando técnicas de medida y análisis.
5. (...)

La siguiente tabla relaciona los RRAA con los objetivos generales y las competencias profesionales, personales y sociales:

RRAA	Objetivos	Competencias
«1» (Identifica elementos neumáticos ...)	«a» (identificar información...), «e» (identificar elementos...),	«a» (obtener datos...),
«2» (identifica elementos hidráulicos ...)		
«3» (Monta automatismos ...)	«f» (fijar elementos...)	«e» (montar sistemas...)
«4» (Diagnostica el estado...)	«m» (identificar y localizar...), «n» (determinar el procedimiento...»	«i» (diagnosticar disfunciones...)
(...)		

3.4. El proceso tecnológico del módulo

La reflexión realizada en los subapartados anteriores facilitará el conocimiento necesario para poder elaborar el proceso tecnológico específico del módulo objeto de programación. En la mayoría de casos, los RRAA se redactan de acuerdo con un orden secuencial lógico y coherente con el conjunto de fases sucesivas del sistema de producción industrial o de prestación de servicios asociados al propio módulo. Por tanto, el proceso tecnológico del módulo se puede obtener a través de sus RRAA.

Como ocurre con el proceso tecnológico del ciclo formativo, el específico del módulo, puede mostrarse gráficamente a través de un diagrama de flujo que establezca la secuencia del proceso industrial o prestación de servicio deducida de los RRAA. En este caso, cada una de sus fases se debería asociar a un RA, e incluso a varios RRAA o parte de uno de ellos.

En función de la relación entre los RRAA del módulo, la estructura del proceso tecnológico puede ser variada, pero en la mayoría de casos será lineal y secuencial, es decir, del primer RA se pasará al segundo, del segundo al tercero, y así sucesivamente. Obviamente también pueden existir ramificaciones y relaciones horizontales, y en cualquier caso, no existe un único proceso tecnológico. Lo importante es que el diagrama resultante facilite una secuencia lógica que posteriormente pueda emplearse como secuencia de SSAA.

 **EJEMPLO 3.9.**

Proceso tecnológico del módulo profesional de «Química aplicada»

(incluido en el ciclo formativo de grado medio de Operaciones de Laboratorio, Real Decreto 554/2012, de 23 de marzo)

Diagrama ejemplo 3.9.
Proceso tecnológico del módulo de «Química aplicada»

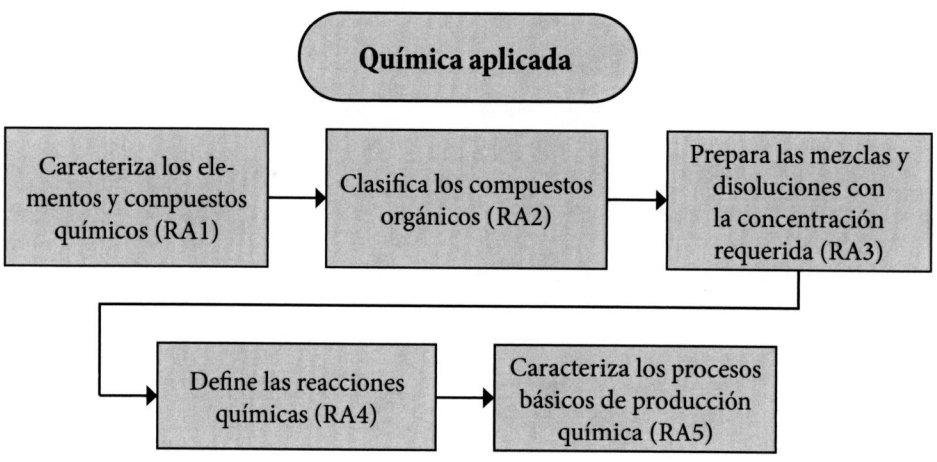

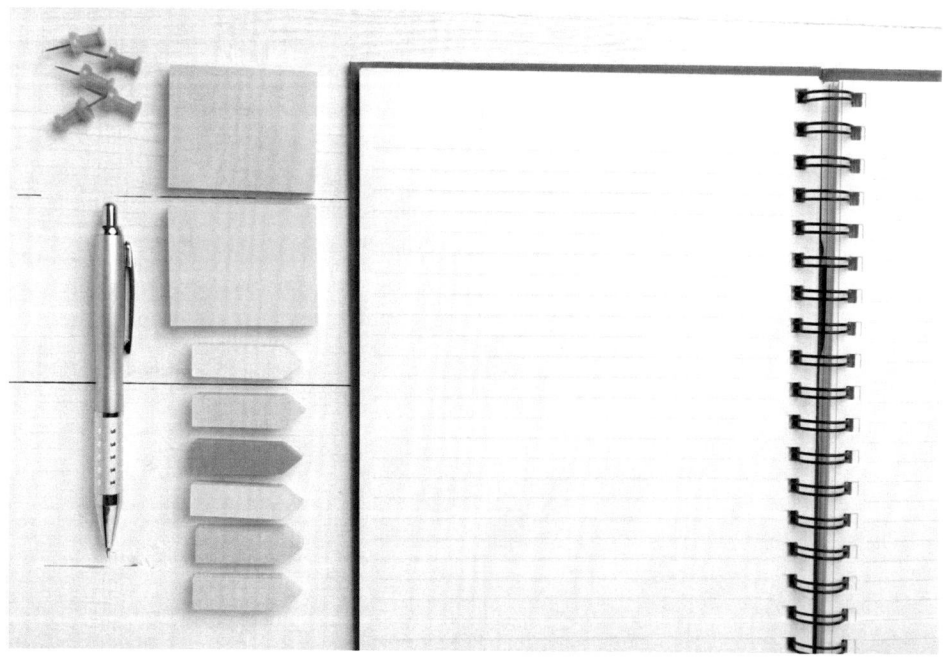

EJEMPLO 3.10.

Proceso tecnológico del módulo profesional de «Sistemas de potencia»

(incluido en el ciclo formativo de grado superior de Automatización y robótica industrial, Real Decreto 581/2011, de 4 de noviembre)

Diagrama ejemplo 3.10.
Proceso tecnológico del módulo de «Sistemas de potencia»

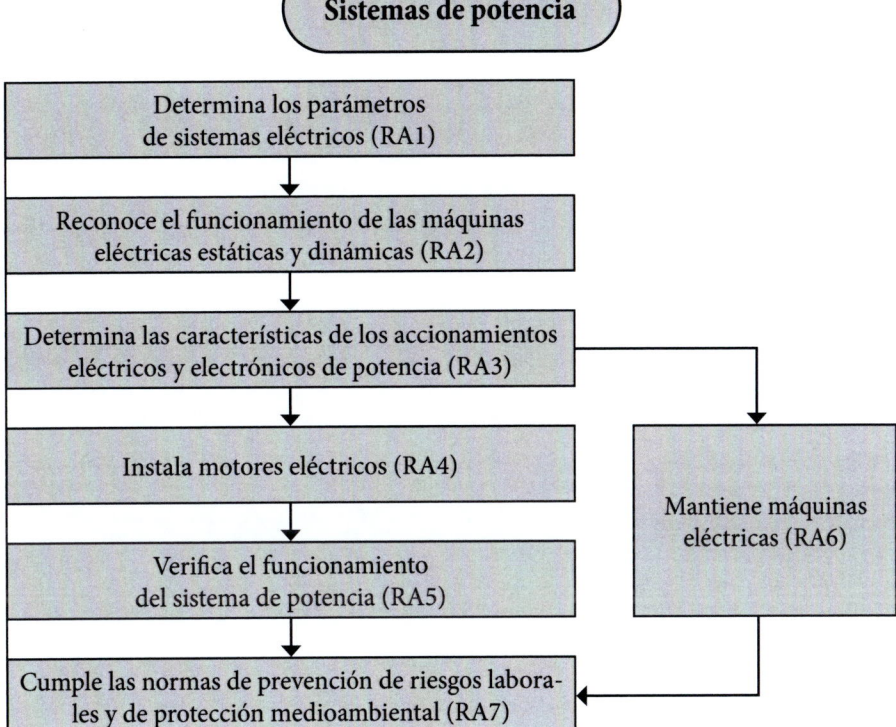

3.5. Conexión entre módulos

A diferencia de lo que ocurre en otras enseñanzas, como por ejemplo en la educación primaria, en la educación secundaria obligatoria o en el bachillerato, los módulos que conforman un ciclo formativo guardan una relación muy estrecha entre sí. De hecho, es usual que una única especialidad de profesorado cuente con atribución docente para impartir varios módulos de un mismo ciclo formativo.

El marco legislativo actual permite una gran flexibilización organizativa a los centros educativos (véase anexo A). La única limitación a esta flexibilización es que el módulo constituya una unidad coherente a efectos de planificación y diseño, aunque puede desagregarse respetando el currículo y todos sus RRAA. Esto permite fusionar, combinar y reorganizar los módulos, siendo en todo caso la unidad mínima de referencia el RA[8].

Esta relación estrecha que existe entre los distintos módulos y la posibilidad de fusionarlos, combinarlos y reorganizarlos requiere que el profesorado conozca la relación existente entre ellos.

A través del análisis que se ha propuesto en los subapartados anteriores, se tendrá una visión holística del ciclo formativo y una visión específica del módulo objeto de programación. En este quinto subapartado se propone dar un paso más en este conocimiento global y específico, a través del análisis del resto de módulos.

Se trata de analizar los RRAA del resto de módulos que conforman el ciclo formativo e identificar la conexión con el módulo objeto de programación. Obviamente, el análisis exhaustivo de todos los módulos que conforman el ciclo requiere de un gran esfuerzo, pero la lectura pausada y atenta de los RRAA del resto de módulos supone un ejercicio muy interesante. Esta lectura cuidadosa de todos los RRAA será suficiente para poder identificar posibles relaciones y conexiones entre módulos.

Este análisis debe realizarse de todos los módulos que conforman el ciclo, tanto los asociados a estándares de competencia, como los módulos de carácter transversal. Además, debe realizarse un estudio horizontal (entre módulos de un mismo curso) y vertical (entre módulos de diferentes cursos).

Es conveniente que este análisis se realice de manera colegiada o al menos que, ante la duda que pueda suponer la interpretación de un determinado

---

8   Artículo 11 del Real Decreto 659/2023, de 18 de julio, por el que se desarrolla la ordenación del Sistema de Formación Profesional.

RA, se consulte al profesor o profesora responsable de impartir el módulo que lo incluye.

El ejercicio de buscar la conexión entre módulos facilitará:

- La coordinación entre el equipo docente, pues el profesorado contará con una visión global de los RRAA que deben conseguirse en el resto de módulos y por tanto, se creará una base apropiada para la comunicación horizontal entre el profesorado.
- El diseño significativo de las SSAA, pues se podrán establecer conexiones entre módulos, lo cual, a su vez, facilitará la transferencia del aprendizaje del alumnado.
- Una distribución temporal de SSAA más eficiente, pues el profesorado podrá distribuir las SSAA del módulo objeto de programación en función de los RRAA que se prevé que haya adquirido el alumnado en otros módulos.
- Etc.

No siempre existirá una conexión clara y, por supuesto, en ningún caso debe forzarse esta conexión. Por tanto, se trata de identificar las conexiones más evidentes, aquellas que realmente aporten una oportunidad que mejore la planificación y el desarrollo del proceso de enseñanza y aprendizaje. Para ello, en este subapartado de la programación didáctica se propone incluir un único párrafo que identifique la conexión o conexiones entre el módulo objeto de programación y los módulos con los que se haya identificado la posible relación. Otra posibilidad es emplear una estructura esquemática, de modo que, en lugar de utilizar diferentes párrafos, se utilice una tabla con tantas filas como conexiones existan con otros módulos.

 EJEMPLO 3.II.

Parte de la redacción del subapartado
«Conexión entre módulos profesionales»
del módulo de «Automatismos industriales»

(incluido en el Título de Técnico en Instalaciones Eléctricas, Real Decreto 177/2008, de 8 de febrero)

Tras el análisis de los RRAA del resto de módulos que conforman el ciclo formativo, se han identificado las siguientes conexiones fundamentales:

Conexión entres RRAA		
«Automatismos industriales» RRA	Módulo profesional asociado y RRAA de conexión	Observaciones
• RA9 (automatismos programables)	«Electrónica»: • RA1 (circuitos lógicos combinacionales) • RA2 (circuitos lógicos secuenciales)	El RA1 y el RA2 de «Electrónica» constituyen la base para el aprendizaje del RA9 de «Automatismos industriales».
• RA5 (montaje de circuitos de automatismos) • RA10 (prevención de riesgos laborales)	«Instalaciones eléctricas interiores»: • RA1 (montaje de circuitos eléctricos básicos) • RA8 (prevención de riesgos laborales)	Aunque los circuitos son distintos, las técnicas y herramientas de montaje que se requieren en el RA1 de «Instalaciones eléctricas interiores» y RA5 de «Automatismos industriales» deben guardar coherencia entre sí. Por otro lado, la base de prevención de riesgos debe ser la misma en ambos casos (RA8 de «Instalaciones eléctricas interiores» y RA10 de «Automatismos industriales»
• RA5 (montaje de circuitos de automatismos) • RA9 (automatismos programables)	«Máquinas eléctricas»: • RA3 (montaje de transformadores) • RA4 (montaje de máquinas eléctricas rotativas) • RA6 (maniobras características en máquinas rotativas)	Los automatismos industriales tienen como finalidad el control de las máquinas eléctricas. Por tanto, ambos módulos tienen una relación evidente de modo que el de «Máquinas eléctricas» supone una continuidad del de «Automatismos industriales», más concretamente los RRAA señalados en esta fila.
(...)		

Reflexión

El lector o lectora puede pensar que este apartado tiene una aplicación práctica limitada, pero podemos asegurar que no es así. Su impacto puede llegar a ser tremendamente positivo, debido a la visión holística que se conseguirá tras la reflexión asociada. Además de crear oportunidades de coordinación docente, estamos seguros que será un apartado relevante para el desarrollo del módulo de «proyecto intermodular».

Capítulo IV.

Carácter Dual

> **«Siempre que te pregunten si puedes hacer un trabajo, contesta que sí y ponte enseguida a aprender cómo se hace»**
>
> Franklin D. Roosevelt (1882-1945)

En la FP dual, la formación profesional se realiza armonizando los procesos de enseñanza y aprendizaje entre el centro de formación profesional y la empresa u organismo equiparado, en corresponsabilidad entre ambos agentes, con la finalidad de la mejora de la empleabilidad de la persona en formación[9].

El carácter dual de la formación es uno de los cambios más relevantes que incluye el nuevo marco legislativo de la FP, de forma que:

1. Sustituye al módulo de Formación en Centros de Trabajo (FCT).
2. Introduce mayor flexibilidad, pues no está limitado a un plazo concreto sino que se podrá realizar a partir del primer trimestre del primer curso.
3. Implica más tiempo de formación en la empresa u organismo equiparado. El alumnado permanece en la empresa, al menos, el 25% de la duración total de la oferta formativa (el 20% en ofertas de nivel 1).

En este apartado se analiza, en primer lugar, las implicaciones de la FP dual y finalmente se propone un texto para la programación didáctica.

---

9   Artículo 2.12 de la Ley Orgánica 3/2022, de 31 de marzo, de Ordenación e integración de la Formación Profesional.

En función de las características de cada formación, los Grados A, B y E podrán tener carácter dual, pero, los Grados C (certificado profesional) y D (ciclos formativos) siempre serán en dual. En este sentido, se establecen dos regímenes:

1. El régimen general, sin vinculación contractual y con una duración comprendida entre el 25% y el 30% de la duración total de la oferta formativa. En el caso de las ofertas de nivel 1 (ciclos formativos básicos) este porcentaje puede reducirse hasta el 20%. En cualquier caso, la participación máxima de la empresa en los RRAA puede ser del 20%.

2. El régimen intensivo, con contrato de formación y retribución según el contrato y una duración superior al 35% de la duración total de la oferta formativa. En este régimen, la participación máxima de la empresa en los RRAA puede llegar hasta el 30%.

A través de la formación en empresa u organismo equiparado, el alumnado podrá participar en la adquisición de competencias profesionales, conocer la realidad del entorno laboral del sector productivo, participar en el desarrollo de una identidad profesional, adquirir habilidades vinculadas a la profesión en situaciones reales de trabajo y adquirir experiencia de inserción y relación en una plantilla real.

Esta formación en empresa u organismo equiparado tiene consideración curricular, pues contribuye a la adquisición de los RRAA y en ningún caso debe tener consideración de «prácticas» ni suponer la sustitución de funciones que corresponden a una persona en plantilla. Por tanto, la formación en empresa u organismo equiparado, en adelante empresa, debe acompañarse de un «Plan de formación».

En relación a este plan, el artículo 58 de la Ley Orgánica 3/2022, de 31 de marzo, de Ordenación e integración de la Formación Profesional, indica que cada persona en formación dispondrá de un plan de formación que establezca:

1. El régimen en el que se realizará la formación (general o intensivo).

2. Los RRAA que se abordarán en la empresa u organismo equiparado y en el centro educativo, precisando los que se desarrollarán en uno, en otro o en ambos lugares.

3. Los mecanismos de seguimiento de los aprendizajes.

4. La coordinación, las secuencias y la duración de los períodos de formación en la empresa.

5. Las medidas y adaptaciones necesarias, en su caso, para las personas con necesidades específicas de apoyo.

La concreción, el seguimiento, la evaluación, la asignación a empresas y la distribución del tiempo, la establece cada comunidad autónoma, en colaboración con los centros de formación y las empresas.

Los RRAA del plan formativo deberán definirse entre el centro de formación y las empresas, teniendo en cuenta que tendrá carácter flexible y que se adaptará, por parte del centro de FP, en función de las variables de ámbito sectorial, las características y el tamaño de la empresa y la ubicación geográfica. Además, este plan de formación estará sometido a las modificaciones que se precisen a lo largo del desarrollo de la formación dual.

La evaluación final es responsabilidad del centro de formación profesional, aunque se tiene en cuenta la valoración y la información facilitada por el tutor o tutora de la empresa.

Obviamente, el plan de formación dependerá de cada empresa e incluso de cada alumno o alumna. Por tanto, es posible tener tantos planes de formación como puestos formativos en empresas.

Teniendo en cuenta las características de la formación dual que se han señalado en los párrafos anteriores, resulta imposible definir un apartado en la programación didáctica que concrete el carácter dual de la formación. Además, es posible que el módulo objeto de programación no se desarrolle en formación dual y, por tanto, este apartado sería totalmente prescindible. En cualquier caso, teniendo en cuenta la relevancia de la formación dual, se considera procedente incluir un apartado específico en la programación didáctica, en el que se enumeren:

1. Los RRAA que se prevén desarrollar de manera exclusiva en el centro educativo.
2. Los RRAA que podrían desarrollarse de manera combinada o exclusiva en la empresa.

Se trata de establecer un «mapa dual» que contribuirá desde cada módulo a los correspondientes planes formativos. Estos planes, partiendo de la máxima flexibilidad y adaptabilidad, deben concretarse y consensuarse entre el centro de FP y la empresa, antes de iniciar la correspondiente formación dual.

El régimen, la concreción y distribución de los RRAA, los mecanismos de seguimiento, los períodos de formación y las medidas de adaptación para el alumnado que lo requiera, deben definirse en el correspondiente «Plan de formación» y quedan fuera del ámbito de esta obra.

 EJEMPLO 4.I.

Parte del apartado «Carácter dual de la formación» del módulo de «Instalaciones eléctricas básicas»

(incluido en el ciclo formativo de grado medio de Instalaciones de Telecomunicaciones, Real Decreto 1632/2009, de 30 de octubre).

Este módulo es susceptible de desarrollarse en formación dual de acuerdo con la siguiente distribución:

Tabla ejemplo 4.1.
Tabla de asignación dual de RRAA y CCEE de «Instalaciones eléctricas básicas»

Resultados de aprendizaje	Criterios de evaluación	Centro educativo	Empresa u organismo equiparado
1	a, d, e, f, g, h, i	X	X
	b, c, e	X	
2	a, b, e, f, g, h, i	X	X
	c, d	X	
...			

La tabla anterior incluye la distribución de RRAA y CCEE que se prevé desarrollar de manera exclusiva en el centro educativo y aquellos RRAA y CCEE que podrían desarrollarse de forma combinada o exclusiva en la empresa.

La concreción y los porcentajes se determinarán de manera consensuada entre el centro educativo y la empresa en el correspondiente plan de formación.

Este plan de formación se facilitará al alumnado antes de iniciar la formación en la empresa.

Reflexión

Tal y como se ha indicado en este capítulo, pueden haber tantos «Programas formativos» como alumnos, alumnas y empresas.

Dada la diversidad de las empresas, un RA o CE en concreto puede desarrollarse en la empresa, en el centro o en ambos, según el programa formativo de que se trate. Por ejemplo, el RA3 puede desarrollarse en el programa formativo de la empresa A, pero no en el de la empresa B. En este caso, el RA3 debería desarrollarse también en el centro educativo, al menos para el alumnado asociado a la empresa B. Por tanto, existen diferentes casuísticas y difícilmente se podrá encontrar un programa formativo común para todo el alumnado que pudiera incluirse en la programación didáctica. Es por este motivo por el proponemos programar como si todas las SSAA se fueran a desarrollar en el centro educativo y posteriormente, en los correspondientes programas formativos, especificar lo que se considere oportuno. Del mismo modo se operará en la evaluación.

En consecuencia, los siguientes capítulos (apartados de la programación didáctica) no harán referencia alguna a la formación dual. Consideramos que este aspecto debe concretarse de manera abierta y flexible en los correspondientes programas formativos.

Capítulo V.

Resultados
y situaciones de aprendizaje

> **«El educador es el hombre que hace que
> las cosas difíciles parezcan fáciles»**
>
> Ralph Waldo Emerson (1803-1882)

Existen muchas formas de diseñar y desarrollar una programación didáctica. Como se adelantó en el preámbulo, este libro parte de la legislación vigente y sigue un enfoque competencial (los RRAA son competencias contextualizadas). Esto implica que los contenidos o saberes básicos dejan de ser el hilo conductor del proceso de enseñanza y aprendizaje, y que se deben trabajar de forma integrada en la medida en que dan respuesta a la resolución de tareas, retos y situaciones problemáticas.

Por tanto, una programación didáctica basada en competencias es una programación que no está centrada tanto en el saber, sino más bien en el saber hacer y en el saber estar. Es decir, no se trata tanto de aprender conceptos, sino de aprender a resolver situaciones problemáticas aplicando los conceptos adquiridos. Para conseguir esto, la programación didáctica debe plantear tareas que implican recordar, comprender, aplicar, analizar, evaluar y crear, de forma que la repetición y memorización de conceptos tenga un papel secundario.

De este modo, se ha de pasar de la forma tradicional de programar, centrada en los contenidos, a una programación que al ser competencial está centrada en los RRAA y sus CCEE. Con este cambio, el proceso de enseñanza y aprendizaje se centra en qué debe saber el alumnado para saber hacer y no en la simple transmisión de conocimientos.

Este es un cambio mayor, por eso se habla de «cambio de paradigma» y con esto se implica que todos los elementos de una programación didáctica se van a ver afectados. Por tanto, este enfoque competencial requiere necesariamente un cambio en la estructura de las SSAA, pero también en la metodología y en la forma de evaluar. La estructura de las SSAA y su desarrollo se deducirán de los RRAA y sus CCEE y no de los contenidos o saberes básicos.

Tal y como señala el artículo 2 (definiciones) de la Ley Orgánica 3/2022, de 31 de marzo, de ordenación e integración de la FP, «el resultado de aprendizaje es el elemento básico del currículo que describe lo que se espera que un estudiante conozca, comprenda y sea capaz de hacer, asociado a un elemento de competencia y que orienta el resto de elementos curriculares, incluidos los criterios de evaluación que permitan constatar que el estudiante ha alcanzado el mismo».

Por su parte, el artículo 18 (aspectos comunes sobre la evaluación y la calificación) del Real Decreto 659/2023, de 18 de julio, por el que se desarrolla la ordenación del Sistema de FP, indica que «las ofertas de formación profesional contarán con una evaluación que verifique la adquisición de los resultados de aprendizaje en las condiciones de calidad establecidas en los elementos básicos del currículo, de acuerdo con los criterios de evaluación de cada uno de los módulos profesionales».

▎ Reflexión

A partir de los dos párrafos anteriores, nos atrevemos a afirmar que los RRAA y sus correspondientes CCEE han de ser la base, no solo de la evaluación, sino de todo el proceso de enseñanza y aprendizaje, y, de hecho, son la piedra angular de una programación didáctica coherente, bien estructurada y adecuada a la norma.

Con el objetivo de establecer conexión con las enseñanzas de Educación Infantil, Educación Primaria, Educación Secundaria Obligatoria y Bachillerato, en esta obra se emplea el término «situación de aprendizaje» en lugar de «unidad didáctica» o «unidad de trabajo».

> **Las SSAA son un marco general del que surgen diferentes actividades o tareas directamente relacionadas entre sí y previamente planificadas en las programaciones didácticas y programaciones de aula. Estas actividades o tareas deben dar sentido a los diferentes CCEE y contenidos o saberes básicos, que a su vez permitirán resolver una situación problemática y contribuirán a alcanzar las competencias, objetivos y RRAA de cada módulo profesional.**

Para deducir las SSAA y desarrollar las tablas de cada SA se propone el siguiente proceso:

1. Analizar los RRAA del módulo profesional y sus CCEE, para posteriormente deducir las SSAA necesarias y poder desarrollarlas en el aula (mapa general de SSAA).
2. Diseñar las tablas específicas de cada SA, definiendo, relacionando y deduciendo, en cada caso y para cada una de ellas, los siguientes elementos:
   a. RRAA y CCEE.
   b. Objetivos generales y del centro.
   c. Competencias profesionales y para la empleabilidad.
   d. Saberes básicos y saberes deseables.
   e. Estrategias didácticas para la enseñanza y el aprendizaje.
   f. Evaluación (técnicas e instrumentos).
3. Definir la distribución temporal de acuerdo a la relevancia que se considere oportuna otorgar a cada SA.
4. Establecer los recursos necesarios para llevar a la práctica cada SA.

5.1. Mapa general de SSAA

Puesto que el mapa de las SSAA ha de deducirse a partir de los RRAA y sus CCEE, el análisis de estos elementos curriculares es esencial. Ambos elementos, RRAA y CCEE, suponen la base para el diseño y desarrollo de las SSAA.

Cada módulo viene dividido en varios RRAA, que a su vez se concretan a través de sus CCEE. Además, de acuerdo con el artículo 2 de la Ley 3/2022, de 31 de marzo, «el resultado de aprendizaje es el elemento básico del currículo».

Por tanto, como se ha indicado en la introducción de este capítulo, los RRAA y sus CCEE son la base del proceso de enseñanza y aprendizaje, y es por este motivo por el que todas las SSAA deben tener, al menos, un RA asociado.

Es decir, un mismo RA puede aparecer en varias SSAA, si el profesorado lo considera pertinente, pero no es posible excluir ninguno de los RRAA de la programación. Todos han de utilizarse para la evaluación en algún momento del curso, aunque corresponde al profesorado otorgar a cada RA el peso específico que considere oportuno, y por esto aquellos más relevantes pueden asociarse a varias SSAA.

En la tabla 5.1 se propone una estructura de relación entre RRAA y SSAA. Mientras que los RRAA son los que aparecen en la legislación, las SSAA deberán ser deducidas por el profesor o profesora especialista del módulo.

En función del tipo de módulo y del enfoque que le quiera aportar el centro educativo y/o el profesorado, la relación entre las SSAA y los RRAA será más o menos secuencial, como se ilustra a continuación en los ejemplos del capítulo.

El objetivo de este mapa general es el de aportar una visión global de todas las SSAA planificadas para el módulo en un curso determinado y comprobar que todos los RRAA se desarrollan en una o otra SA.

Tabla 5.1. Mapa general de SSAA

Situaciones de Aprendizaje	Módulo profesional										
	RA1	RA2	RA3	RA4	RA5	RA6	RA7	RA8	RA9	RA10	Relevancia SA (%)
1											
2											
3											
4											
5											
6											
7											
8											
9											
10											

Resultados de aprendizaje (referencias y descripción textual)
RA1
RA2
RA3
RA4
RA5
RA6
RA7
RA8
RA9
RA10

EJEMPLO 5.1.

Tabla ejemplo 5.1. RRAA, criterios de evaluación y contenidos del módulo de «Aplicaciones ofimáticas», incluido en el ciclo formativo de grado medio de Sistemas Microinformáticos y Redes (RD 1691/2007, de 14 de diciembre).

Aplicaciones informáticas		
RRAA	Criterios de evaluación	Contenidos
1. Instala y actualiza aplicaciones ofimáticas, interpretando especificaciones y describiendo los pasos a seguir en el proceso.	"a) Se han identificado y establecido las fases del proceso de instalación. b) Se han respetado las especificaciones técnicas del proceso de instalación. c) Se han configurado las aplicaciones según los criterios establecidos. d) Se han documentado las incidencias. e) Se han solucionado problemas en la instalación o integración con el sistema informático. f) Se han eliminado y/o añadido componentes de la instalación en el equipo. g) Se han actualizado las aplicaciones. h) Se han respetado las licencias software. i) Se han propuesto soluciones software para entornos de aplicación."	"Instalación de aplicaciones: - Tipos de aplicaciones ofimáticas. - Tipos de licencias software. - Necesidades de los entornos de explotación. - Procedimientos de instalación y configuración."
2. Elabora documentos y plantillas, describiendo y aplicando las opciones avanzadas de procesadores de textos.	"a) Se ha personalizado las opciones de software y barra de herramientas. b) Se han diseñado plantillas. c) Se han utilizado aplicaciones y periféricos para introducir textos e imágenes. d) Se han importado y exportado documentos creados con otras aplicaciones y en otros formatos. e) Se han creado y utilizado macros en la realización de documentos. f) Se han elaborado manuales específicos"	"Elaboración de documentos y plantillas mediante procesadores de texto: - Estilos. - Creación y uso de plantillas. - Importación y exportación de documentos. - Diseño y creación de macros. - Elaboración de distintos tipos de documentos (manuales, partes de incidencias, entre otros)."
3. Elabora documentos y plantillas de cálculo, describiendo y aplicando opciones avanzadas de hojas de cálculo.	"a) Se ha personalizado las opciones de software y barra de herramientas. b) Se han utilizado los diversos tipos de datos y referencia para celdas, rangos, hojas y libros. c) Se han aplicado fórmulas y funciones. d) Se han generado y modificado gráficos de diferentes tipos. e) Se han empleado macros para la realización de documentos y plantillas. f) Se han importado y exportado hojas de cálculo creadas con otras aplicaciones y en otros formatos. g) Se ha utilizado la hoja de cálculo como base de datos: formularios, creación de listas, filtrado, protección y ordenación de datos. h) Se han utilizado aplicaciones y periféricos para introducir textos, números, códigos e imágenes."	"Elaboración de documentos y plantillas mediante hojas de cálculo: - Estilos. - Utilización de fórmulas y funciones. - Creación de tablas y gráficos dinámicos. - Uso de plantillas y asistentes. - Elaboración de distintos tipos de documentos (presupuestos, facturas, inventarios, entre otros). - Diseño y creación de macros."
4. Elabora documentos con bases de datos ofimáticas describiendo y aplicando operaciones de manipulación de datos.	"a) Se han identificado los elementos de las bases de datos relacionales. b) Se han creado bases de datos ofimáticas. c) Se han utilizado las tablas de la base de datos (insertar, modificar y eliminar registros). d) Se han utilizado asistentes en la creación de consultas. e) Se han utilizado asistentes en la creación de formularios. f) Se han utilizado asistentes en la creación de informes. g) Se ha realizado búsqueda y filtrado sobre la información almacenada. h) Se han creado y utilizado macros."	"Utilización de bases de datos ofimáticas: - Elementos de las bases de datos relacionales. - Creación de bases de datos. - Manejo de asistentes."

Aplicaciones informáticas		
RRAA	Criterios de evaluación	Contenidos
5. Manipula imágenes digitales analizando las posibilidades de distintos programas y aplicando técnicas de captura y edición básicas.	a) Se han analizado los distintos formatos de imágenes. b) Se ha realizado la adquisición de imágenes con periféricos. c) Se ha trabajado con imágenes a diferentes resoluciones, según su finalidad. d) Se han empleado herramientas para la edición de imagen digital. e) Se han importado y exportado imágenes en diversos formatos."	"Manipulación de imágenes: - Formatos y resolución de imágenes. - Utilización de retoque fotográfico, ajustes de imagen y de color. - Importación y exportación de imágenes."
6. Manipula secuencias de vídeo analizando las posibilidades de distintos programas y aplicando técnicas de captura y edición básicas.	a) Se han reconocido los elementos que componen una secuencia de vídeo. b) Se han estudiado los tipos de formatos y codecs más empleados. c) Se han importado y exportado secuencias de vídeo. d) Se han capturado secuencias de vídeo con recursos adecuados. e) Se han elaborado vídeo tutoriales. "	"Manipulación de vídeos: - Formatos de vídeo. - Importación y exportación de vídeos. "
7. Elabora presentaciones multimedia describiendo y aplicando normas básicas de composición y diseño.	a) Se han identificado las opciones básicas de las aplicaciones de presentaciones. b) Se han reconocido los distintos tipos de vista asociados a una presentación. c) Se han aplicado y reconocido las distintas tipografías y normas básicas de composición, diseño y utilización del color. d) Se han diseñado plantillas de presentaciones. e) Se han creado presentaciones. f) Se han utilizado periféricos para ejecutar presentaciones."	"Elaboración de presentaciones: - Diseño y edición de diapositivas. - Formateo de diapositivas, textos y objetos. - Importación y exportación de presentaciones. - Utilización de plantillas y asistentes. Patrones de diapositivas. "
8. Realiza operaciones de gestión del correo y la agenda electrónica, relacionando necesidades de uso con su configuración.	a) Se han descrito los elementos que componen un correo electrónico. b) Se han analizado las necesidades básicas de gestión de correo y agenda electrónica. c) Se han configurado distintos tipos de cuentas de correo electrónico. d) Se han conectado y sincronizado agendas del equipo informático con dispositivos móviles. e) Se ha operado con la libreta de direcciones. f) Se han trabajado con todas las opciones de gestión de correo electrónico (etiquetas, filtros, carpetas, entre otros). g) Se han utilizado opciones de agenda electrónica."	"Gestión de correo y agenda electrónica: - Entorno de trabajo: configuración y personalización. - Plantillas y firmas corporativas. - Foros de noticias (news). - La libreta de direcciones. - Gestión de correos. - Gestión de la agenda. "
9. Aplica técnicas de soporte en el uso de aplicaciones, identificando y resolviendo incidencias.	a) Se han elaborado guías visuales con los conceptos básicos de uso de una aplicación. b) Se han identificado problemas relacionados con el uso de aplicaciones ofimáticas. c) Se han utilizado manuales de usuario para instruir en el uso de aplicaciones. d) Se han aplicado técnicas de asesoramiento en el uso de aplicaciones. e) Se han realizado informes de incidencias. f) Se han aplicado los procedimientos necesarios para salvaguardar la información y su recuperación. g) Se han utilizado los recursos disponibles (documentación técnica, ayudas en línea, soporte técnico, entre otros) para solventar incidencias. h) Se han solventado las incidencias en el tiempo adecuado y con el nivel de calidad esperado."	"Aplicación de técnicas de soporte: - Elaboración de guías y manuales de uso de aplicaciones. - Formación al usuario."

Observación: solo se incluyen los contenidos incluidos en el R.D. Habría que ampliar estos contenidos con la concreción realizada por la correspondiente Administración educativa autonómica.

A continuación se ofrecen cinco ejemplos de posibles mapas generales de SSAA:

EJEMPLO 5.2.

Tabla ejemplo 5.2. Mapa general de SSAA de «Aplicaciones ofimáticas»

	Situaciones de Aprendizaje	RA1	RA2	RA3	RA4	RA5	RA6	RA7	RA8	RA9	Relevancia SA (%)
1	¿Cómo instalar aplicaciones ofimáticas?	X								X	4%
2	¿Cómo explotar al máximo los procesadores de texto?		X							X	16%
3	¿Es mejor una calculadora que una hoja de cálculo?			X						X	17%
4	¿Cuál es la mejor forma de gestionar datos?				X						4%
5	¡Diseñemos una base de datos!				X	X				X	20%
6	Tipología y dosificación de imágenes					X					5%
7	Software de edición de imágenes					X				X	12%
8	¿Hacemos un vídeo?						X			X	12%
9	¿Cómo lo presento?							X		X	5%
10	El correo y la agenda electrónica								X	X	5%

0223 - Aplicaciones ofimáticas, incluido en el ciclo formativo de grado medio de Sistemas Microinformáticos y Redes (Real Decreto 1691/2007, de 14 de diciembre)

Resultados de aprendizaje (referencias y descripción textual)

RA1	Instala y actualiza aplicaciones ofimáticas, interpretando especificaciones y describiendo los pasos a seguir en el proceso.
RA2	Elabora documentos y plantillas, describiendo y aplicando las opciones avanzadas de procesadores de textos.
RA3	Elabora documentos y plantillas de cálculo, describiendo y aplicando opciones avanzadas de hojas de cálculo.
RA4	Elabora documentos con bases de datos ofimáticas describiendo y aplicando operaciones de manipulación de datos.
RA5	Manipula imágenes digitales analizando las posibilidades de distintos programas y aplicando técnicas de captura y edición básicas.
RA6	Manipula secuencias de vídeo analizando las posibilidades de distintos programas y aplicando técnicas de captura y edición básicas.
RA7	Elabora presentaciones multimedia describiendo y aplicando normas básicas de composición y diseño.
RA8	Realiza operaciones de gestión del correo y la agenda electrónica, relacionando necesidades de uso con su configuración.
RA9	Aplica técnicas de soporte en el uso de aplicaciones, identificando y resolviendo incidencias.

OBSERVACIÓN: En este ejemplo se propone una estructura en la que las SSAA dan respuesta a todos los RRAA de manera secuencial. Para cada SA hay un RA, excepto para los RRAA 4 y 5 que se desarrollarán a través de dos SA cada uno. El RA 9 se desarrollará transversalmente en diferentes SSAA, concretamente en aquellas con carácter más práctico en las que se prevea resolver contingencias.

EJEMPLO 5.3.

Tabla ejemplo 5.3. Mapa general de SSAA de «Máquinas eléctricas»

0240 - Máquinas eléctricas,
incluido en el ciclo formativo de grado medio de Instalaciones eléctricas y automáticas (Real Decreto 177/2008, de 8 de febrero)

	Situaciones de Aprendizaje	RA1	RA2	RA3	RA4	RA5	RA6	RA7	Relevancia SA (%)
1	Conozcamos las máquinas y sus riegos.		X		X			X	10%
2	Documentemos y dibujemos máquinas eléctricas.	X							10%
3	Montemos transformadores y verifiquemos su funcionamiento.		X	X				X	20%
4	Desarrollemos el mantenimiento de los transformadores.			X					10%
5	Montemos motores y verifiquemos su funcionamiento.				X			X	20%
6	Desarrollemos el mantenimiento de los motores.					X			10%
7	Hagamos maniobras con motores.						X	X	20%
	Resultados de aprendizaje (referencias y descripción textual)								
RA1	Elabora documentación técnica de máquinas eléctricas relacionando símbolos normalizados y representando gráficamente elementos y procedimientos.								
RA2	Monta transformadores monofásicos y trifásicos, ensamblando sus elementos y verificando su funcionamiento.								
RA3	Repara averías en transformadores, realizando comprobaciones y ajustes para la puesta en servicio.								
RA4	Monta máquinas eléctricas rotativas, ensamblando sus elementos y verificando su funcionamiento.								
RA5	Mantiene y repara máquinas eléctricas realizando comprobaciones y ajustes para la puesta en servicio.								
RA6	Realiza maniobras características en máquinas rotativas, interpretando esquemas y aplicando técnicas de montaje.								
RA7	Cumple las normas de prevención de riesgos laborales y de protección ambiental, identificando los riesgos asociados, las medidas y equipos para prevenirlos.								

OBSERVACIÓN:

En este ejemplo se propone una estructura similar a la del ejemplo anterior, es decir, las SSAA dan respuesta a todos los RRAA de manera secuencial. La diferencia fundamental con el ejemplo anterior es la inclusión de una SA introductoria (SA1) que se asocia a tres RRAA (RA2, RA4 y RA7).

EJEMPLO 5.4.

Tabla ejemplo 5.4. Mapa general de SSAA de «Robótica industrial»

0966 - Robótica industrial, incluido en el ciclo formativo de grado superior de Automatización y robótica industrial (Real Decreto 1581/2011, de 4 de noviembre, modificado por el R.D. 401/2023, de 29 de mayo)

	Situaciones de Aprendizaje	RA1	RA2	RA3	RA4	RA5	Relevancia SA (%)
1	Cuestiones previas (asamblea inicial: normas, metodología, planificación, recursos...)	X	X	X	X	X	10%
2	¡Reconozcamos los tipos, los componentes y las aplicaciones!	X					10%
3	¡Configuremos, seleccionemos y conectemos!		X				20%
4	¿Programamos?			X			10%
5	¡Verifiquemos, ajustemos y respetemos la seguridad!				X		20%
6	¡Diagnostiquemos, reparemos y documentemos averías!					X	10%

Resultados de aprendizaje (referencias y descripción textual)	
RA1	Reconoce diferentes tipos de robots y/o sistemas de control de movimiento, identificando los componentes que los forman y determinando sus aplicaciones en entornos industriales automatizados.
RA2	Configura sistemas robóticos y/o de control de movimiento, seleccionando y conectando los elementos que lo componen.
RA3	Programa robots y/o sistemas de control de movimiento, utilizando técnicas de programación y procesado de datos.
RA4	Verifica el funcionamiento de robots y/o sistemas de control de movimiento, ajustando los dispositivos de control y aplicando las normas de seguridad.
RA5	Repara averías en entornos industriales robotizados y/o de control de movimiento, diagnosticando disfunciones y elaborando informes de incidencias.

OBSERVACIÓN: En este ejemplo también se propone una estructura secuencial, pero se ha incluido una SA inicial de «Cuestiones previas». Esta SA se relaciona indirectamente con todos los RRAA, pues su objetivo es crear un clima de confianza propicio para el proceso de enseñanza y aprendizaje. Es decir, la SA1 no se relaciona con los aspectos técnicos de los RRAA, pero permitirá crear una base que favorecerá el proceso docente y permitirá ser más eficientes en el desarrollo del resto de SSAA.

EJEMPLO 5.5.

Tabla ejemplo 5.5. Mapa general de SSAA de «Itinerario personal para la empleabilidad I»

1709 - Itinerario personal para la empleabilidad I, común a todos los ciclos medios y superiores LOMLOE (R.D. 659/2023)						
Situaciones de Aprendizaje	RA1	RA2	RA3	RA4	RA5	Relevancia SA (%)
1	Dónde estamos y hasta dónde queremos llegar.	X					10%
2	Más vale prevenir que lamentar: identificación, valoración y prevención del riesgo.		X				20%
3	Derechos y deberes. El trabajador ante la empresa.			X			25%
4	La carrera profesional es un maratón: competencias, preferencias y objetivos para un construir un proyecto profesional sólido.				X		25%
5	Aprendizaje para toda la vida. Autoconocimiento, autonomía y competencia digital para la empleabilidad.					X	20%
Resultados de aprendizaje (referencias y descripción textual)						
RA1	Distingue las características del sector productivo y define los puestos de trabajo relacionándolos con las competencias profesionales expresadas en el título.						
RA2	Alcanza las competencias necesarias para la obtención del título de Técnico Básico en Prevención de Riesgos Laborales.						
RA3	Analiza sus condiciones laborales como persona trabajadora por cuenta ajena identificándolas en los principales tipos de cambios y vicisitudes relevantes que se pueden presentar en la relación laboral en la normativa laboral y especialmente en el convenio colectivo del sector.						
RA4	Analiza y evalúa su potencial profesional y sus intereses para guiarse en el proceso de autoorientación y elabora una hoja de ruta para la inserción profesional en base al análisis de las competencias, intereses y destrezas personales.						
RA5	Aplica las estrategias para el aprendizaje autónomo reconociendo su valor profesionalizador, diseñando y optimizando su propio entorno de aprendizaje haciendo uso de las tecnologías digitales como herramientas de aprendizaje autónomo, siendo coherente con su identidad digital y sus propios objetivos profesionales planteados en su plan de desarrollo individual.						

OBSERVACIÓN:

En este ejemplo se propone una estructura secuencial, ya que los RRAA están organizados de forma que es apropiado iniciar la programación con los dos primeros, que son introductorios y están centrados en la reflexión previa sobre el itinerario y en la importancia de la prevención. De hecho, este segundo RA es crítico para la formación que tenga lugar en la empresa, y por ello se ha de impartir al comienzo del curso. A continuación, la planificación termina con los tres últimos resultados, que sobre la base anterior dan forma completa al itinerario profesional, ya que tratan los derechos y deberes de las personas trabajadoras, la carrera profesional y el aprendizaje permanente, respectivamente.

EJEMPLO 5.6.

Tabla ejemplo 5.6. Mapa general de SSAA de «Itinerario personal para la empleabilidad II»

1710 - Itinerario personal para la empleabilidad II, común a todos los ciclos medios y superiores LOMLOE (R.D. 659/2023)						
Situaciones de Aprendizaje	RA1	RA2	RA3	RA4	RA5	Relevancia SA (%)
1	Al que llama, se le abre. Pero hay que saber llamar.	X					20%
2	Ya estamos dentro, ¿y ahora qué? Estrategias para mantener y mejorar la empleabilidad.		X				20%
3	Más que hacer algo completamente nuevo, hagamos mejor lo que hacemos. Una forma realista de innovación.			X			25%
4	De la idea al proyecto. Cómo emprender paso a paso.				X		25%
5	La cuestión social y tecnológica del proyecto emprendedor.					X	10%
Resultados de aprendizaje (referencias y descripción textual)						
RA1	Planifica y pone en marcha estrategias en los diferentes procesos selectivos de empleo que le permiten mejorar sus posibilidades de inserción laboral.						
RA2	Aplica estrategias relacionadas con las competencias personales, sociales y emocionales para el empleo en búsqueda de la mejora de su empleabilidad.						
RA3	Pone en práctica las habilidades emprendedoras necesarias para el desarrollo de procesos de innovación e investigación aplicadas que promuevan la modernización del sector productivo hacia un modelo sostenible.						
RA4	Identifica, define y valida ideas de emprendimiento generadoras de nuevas oportunidades a partir de estrategias de análisis del entorno socio productivo utilizando metodologías ágiles para el emprendimiento.						
RA5	Desarrolla un proyecto emprendedor de innovación social y/o tecnológica aplicada en colaboración con el entorno.						

OBSERVACIÓN:

En este ejemplo también se propone una estructura secuencial, ya que los RRAA están organizados de forma que es apropiado iniciar la programación con los dos primeros, que son introductorios y están centrados en la búsqueda, el mantenimiento y la mejora del empleo. De forma similar al caso anterior, el mapa general finaliza con los tres últimos resultados, que están centrados en el desarrollo de un proyecto emprendedor en tres aspectos: el concepto de innovación, la planificación y el desarrollo a partir de una idea y la parte social y tecnológica del proyecto.

Reflexión

Con el objetivo de tener una visión holística del ciclo formativo y del módulo, antes de elaborar el mapa de SSAA recomendamos:

1. Completar todos los apartados indicados en el capítulo III.
2. Leer atentamente las orientaciones pedagógicas (anexo I del R.D. que establece el correspondiente Título y fija el currículo básico).
3. Relacionar los RRAA, los CCEE y los contenidos.

Para este análisis puede utilizarse una tabla con tres columnas como la siguiente:

Módulo Profesional		
RRAA	Criterios de evaluación	Contenidos

Reflexión

1. Del análisis de los diferentes módulos se concluye que en la mayoría de ellos la relación entre RRAA, CCEE y contenidos es relativamente sencilla de establecer. En cualquier caso, se trata de un ejercicio que recomendamos realizar para poder tener una visión global del módulo.

2. La estructura final del mapa de SSAA deducida a partir de los RRAA puede ser muy diferente. Podemos encontrar estructuras totalmente secuenciales en las que de cada RA se deduzca una o varias SSAA. En otros casos, la estructura del mapa general de SSAA no es tan secuencial, y podemos encontrar SSAA asociadas a varios RRAA. Nosotros proponemos estructuras secuenciales, porque propician un desarrollo lógico y secuencial de las SSAA y, como veremos en capítulos posteriores, facilitan notablemente la evaluación. En cualquier caso, no existe una estructura «ideal». Depende de diversos factores, como por ejemplo: la estructura de RRAA del módulo, el conocimiento técnico y pedagógico del profesorado, los recursos del centro educativo, la metodología a aplicar ...

5.2. Tablas de SSAA

Una vez que se ha definido el mapa general de las SSAA y se han distribuido todos los RRAA es el momento de trabajar en el desarrollo de cada SA.

Para materializar este desarrollo es recomendable utilizar un modelo práctico, lo más sencillo posible, de forma que responda a los RRAA y CCEE asociados a cada una de las SSAA. Tal es el caso de una tabla que resume la información crítica que corresponde a cada SA:

1. RRAA y CCEE.
2. Objetivos.
3. Contenidos.
4. Estrategias didácticas para la enseñanza y el aprendizaje.
5. Evaluación (técnicas e instrumentos).

El análisis y reflexión previa realizada al completar los apartados detallados en el capítulo III, junto con un análisis pormenorizado de los CCEE de cada RA y la creatividad del profesorado, son la clave para completar las tablas de SSAA.

El proceso a seguir requiere de dos pasos esenciales:

1. A partir del análisis y reflexión de los objetivos generales y del RA o RRAA asociados, se redactan los objetivos operativos de la SA. Con este primer paso se comprobará que la SA realmente tiene entidad para serlo o bien requiere dividirse en varias SSAA. Se trata de una primera reflexión que permita dar respuesta al: «¿Para qué?» Es decir, a través de este primer paso se debe dejar claro el propósito de la SA y además, la relación de este propósito con, al menos, un objetivo general y un RA.

2. Teniendo en cuenta la relación entre RRAA, CCEE y contenidos, así como la progresividad y andamiaje del proceso de enseñanza y aprendizaje, se redactan los contenidos o saberes y se deciden las estrategias didácticas. Con este segundo paso se pretende establecer las líneas generales que permitirán, posteriormente, definir la programación de aula. Para ello, conviene establecer los aspectos básicos sobre:

   a. Las orientaciones para el Diseño Universal del Aprendizaje (DUA).
   b. Las tareas y actividades sin calificación.
   c. Las tareas y actividades con calificación, así como las correspondientes técnicas e instrumentos para evaluar y calificar.
   d. Las tareas y actividades de refuerzo y profundización.

Las orientaciones DUA deben seguir una estructura que responda al acceso, procesamiento y expresión del conocimiento que se pretende que el alumnado aprenda. Se trata de facilitar unas pautas básicas, unos principios de acción, que necesariamente deben tenerse en cuenta en el desarrollo de la SA. Estas pautas básicas deben redactarse para el conjunto del alumnado. Los aspectos concretos e individuales para alumnado con necesidad específica de apoyo educativo (NEAE) se tratarán en el apartado correspondiente de la programación.

Las indicaciones DUA de cada SA deben ser concretas para esa SA, de forma que las orientaciones generales deben dejarse para los apartados «Orientaciones pedagógicas» y/o «Apoyo a la inclusión».

Aunque todas las actividades y tareas deben evaluarse, se recomienda que solo se califiquen aquellas que realmente sean significativas. Además, la calificación debe realizarse en el momento oportuno, cuando el alumnado haya tenido la oportunidad de deliberar sobre lo que se ha pretendido enseñar. Es por este motivo por el que se recomienda programar actividades iniciales sin calificación, es decir, actividades en las que el alumnado tenga la oportunidad de poner en práctica los aspectos que se pretenden enseñar y que se espera que se aprendan. Estas actividades deben incluir la correspondiente retroalimentación y acompañamiento del profesorado.

Cuando sea el momento oportuno y siempre que la actividad o tarea sea significativa, se deben desarrollar las actividades o tareas con calificación. Estas deben programarse junto con las correspondientes técnicas e instrumentos de evaluación que serán concretadas posteriormente en la programación de aula. A través de estas actividades se dará respuesta a todos y cada uno de los CCEE incluidos en la SA.

Sin embargo, en la programación didáctica, del mismo modo que no se concreta el enunciado de las tareas y actividades, tampoco se concreta el instrumento de evaluación. Este nivel de concreción debe dejarse para la programación de aula.

Con el objetivo de dar respuesta a la diversidad del alumnado, conviene programar también:

1. Las actividades de refuerzo para el alumnado con mayores dificultades de aprendizaje.
2. Las actividades de profundización para el alumnado que quiera ampliar en los contenidos y saberes asociados a la SA.

Las actividades de refuerzo y profundización también deben evaluarse, pero no necesariamente calificarse. Además de dar respuesta a la diversidad del alumnado, las actividades de refuerzo y profundización facilitarán un proceso de enseñanza y aprendizaje más inclusivo y equitativo.

A continuación se proponen dos posibles modelos de tabla de SA. El primer modelo es más sencillo y abierto, de forma que puede emplearse cuando no se quiere o no se puede todavía concretar demasiado. En cambio, el segundo es más específico y puede emplearse en programaciones más concretas y detalladas. Por este motivo, se ha escogido este segundo modelo para ilustrar dos posibles SSAA de módulos distintos, que se ofrecen al lector con todo el detalle.

Tabla 5.2 Tabla de SA. Modelo 1 FP

Situación de Aprendizaje	Número y nombre de la SA.
Resultado/s de aprendizaje	RA o RRAA directamente relacionados con esta SA.
Objetivos	
Concreción de los objetivos generales y objetivos del centro educativo asociados a esta SA.	
Contenidos/Saberes	
• Contenidos/Saberes básicos asociados a esta SA (los que se indican en el currículo). • Si se considera apropiado, se deben incluir también los contenidos/saberes deseables (concreción curricular de centro). En este caso, se recomienda diferenciar los básicos de los deseables. De este modo se podrá identificar en todo momento los que son estrictamente exigibles a todo el alumnado (los saberes básicos) de los que no lo son (saberes deseables).	
Estrategias didácticas para la enseñanza y el aprendizaje	

• Si se utiliza una metodología didáctica donde el alumnado es el protagonista en todo momento (proyectos de investigación, aprendizaje basado en proyectos, etc) se recomienda una propuesta global.
• Si se utiliza una metodología conductista (explicación – actividades; explicación – actividades, …) se recomienda separar el tipo de actividades (por ejemplo, atendiendo a la Taxonomía de Bloom). En cualquier caso, se propone diferenciar entre:
  • Tareas o actividades de enseñanza y aprendizaje sin calificación.
  • Tareas o actividades de enseñanza y aprendizaje con calificación.
  • Tareas o actividades de refuerzo.
  • Tareas o actividades de profundización.
• Orientaciones DUA para aquellos saberes que se desarrollen en base a la instrucción por parte del profesorado. Debe contextualizarse este DUA de acuerdo al análisis interno del grupo-clase.	

Evaluación	
• Técnica o técnicas de evaluación. • Instrumento o instrumentos de evaluación a utilizar. • Si es posible, se recomienda hacer referencia a la concreción curricular del centro educativo.	

Tabla 5.3 Tabla de SA. Modelo 2 FP

Situación de aprendizaje	Número y nombre de la SA.	Horas	Horas asignadas.
Resultado/s de aprendizaje	RA o RRAA directamente relacionados con esta SA.		
Objetivos generales	**Objetivos operativos y objetivos de centro.**		
Concreción de objetivos generales del RA o RRAA directamente relacionados con esta SA.	Concreción de los objetivos generales y objetivos del centro educativo asociados a esta SA.		
Preconocimiento			
Conocimientos previos necesarios para afrontar la SA.			
Contenidos/Saberes			
1. Contenidos/Saberes básicos asociados a esta SA (los que se indican en el currículo). 2. Si se considera apropiado, se deben incluir también los contenidos/saberes deseables (concreción curricular de centro). En este caso, se recomienda diferenciar los básicos de los deseables. De este modo se podrá identificar en todo momento los que son estrictamente exigibles a todo el alumnado (los saberes básicos) de los que no lo son (saberes deseables).			
Estrategias didácticas para la enseñanza y el aprendizaje			
Orientaciones DUA para el apoyo a la inclusión			
Orientaciones DUA para aquellos saberes que se desarrollen en base a la instrucción por parte del profesorado. Debe contextualizarse este DUA de acuerdo al análisis interno del grupo-clase.			
Tareas o actividades de enseñanza y aprendizaje (sin calificación)	**Tareas o actividades de refuerzo y profundización**		
Actividades asociadas a los niveles 1 y 2 de la Taxonomía de Bloom (recordar y reconocer).	• Refuerzo: actividades asociadas a los niveles 1, 2 y 3 de la Taxonomía de Bloom (recordar, reconocer y aplicar). • Profundización actividades asociadas a los niveles 3, 4, 5 y 6 de la Taxonomía de Bloom (aplicar, analizar, evaluar y crear).		
Tareas o actividades de enseñanza-aprendizaje (con calificación)	**Resultado/s de aprendizaje y criterios de evaluación - Técnicas e instrumentos de evaluación**		
Actividades asociadas a los niveles 3, 4, 5 y 6 de la Taxonomía de Bloom (aplicar, analizar, evaluar y crear).	A cada tarea o actividad con calificación se le debe asignar el correspondiente RA o RRAA y los criterios de evaluación del currículo, así como la técnica e instrumentos de evaluación que se utilizarán. Si procede, también debe hacerse referencia a la concreción curricular del centro educativo u observación pertinente.		

   EJEMPLO 5.7.

Tabla de la situación de aprendizaje 2, «Documentemos y dibujemos máquinas eléctricas», del módulo profesional de «Máquinas eléctricas».

La SA que se desarrolla en este ejemplo parte del mapa general del módulo profesional de «Máquinas eléctricas» del ejemplo 5.3. Para facilitar la visualización e interpretación del ejemplo, se presenta la tabla de SA dividida en 3 subtablas.

Tabla ejemplo 5.7. SA 2 de Máquinas eléctricas - Modelo 2 FP (tabla 1 de 3)

Situación de aprendizaje	2 - Documentemos y dibujemos máquinas eléctricas	Horas	10
Resultado/s de aprendizaje	RA1 - Elabora documentación técnica de máquinas eléctricas relacionando símbolos normalizados y grafiando elementos y procedimientos.		

Objetivos generales	Objetivos operativos y objetivos de centro
b) Delinear esquemas de los circuitos y croquis o planos de emplazamiento empleando medios y técnicas de dibujo y representación simbólica normalizada, para configurar y calcular la instalación o equipo. f) Identificar y marcar la posición de los elementos de la instalación o equipo y el trazado de los circuitos relacionando los planos de la documentación técnica con su ubicación real para replantear la instalación. ñ) Cumplimentar fichas de mantenimiento, informes de incidencias y el certificado de instalación, siguiendo los procedimientos y formatos oficiales para elaborar la documentación de la instalación o equipo.	•Documentar y dibujar una instalación con máquinas eléctricas de acuerdo con la simbología y los convencionalismos normalizados y utilizando programas informáticos (conexión de transformadores y conexión y maniobras básicas de motores eléctricos). •Documentar el proceso a seguir para el mantenimiento general de máquinas eléctricas (planes de mantenimiento de máquinas eléctricas).

Preconocimiento
Funcionamiento básico de software CAD. Nociones básicas de simbología eléctrica, maniobras con motores eléctricos y conceptos relacionados con el mantenimiento. Todos estos conocimientos forman parte del módulo profesional de automatismos industriales (1.º curso).

Contenidos/Saberes
Interpretación de documentación técnica en máquinas eléctricas. 1. Simbología normalizada y convencionalismos de representación en reparación de máquinas eléctricas. 2. Planos y esquemas eléctricos normalizados. 3. Aplicación de programas informáticos de dibujo técnico y cálculo de instalaciones. 4. Elaboración de planes de mantenimiento y montaje de máquinas eléctricas. 5. Normativa y reglamentación.

Tabla ejemplo 5.7. SA 2 de Máquinas eléctricas - Modelo 2 FP (tabla 2 de 3)

Estrategias didácticas para la enseñanza y el aprendizaje
Orientaciones DUA para el apoyo a la inclusión
• Para el acceso a la información asociada a esta SA, se facilitará al alumnado el acceso a videotutoriales explicativos y subtitulados asociados al software CAD, así como plantillas y numerosos ejemplos de documentación y esquemas «tipo». Esta documentación estará accesible en el aula virtual, en formato PDF o en formato video, según sea el caso.   • Para el procesamiento de la información, las explicaciones se realizarán siguiendo un proceso lógico y secuencial sobre cómo iniciar la documentación y el correspondiente esquema o dibujo.   • Para la expresión de la información, se le pedirá al alumnado la utilización de cualquier software CAD. Es decir, se podrá utilizar el software propuesto por el profesorado o cualquier otro software CAD que considere el alumnado.

Tareas o actividades de enseñanza y aprendizaje (sin calificación)	Tareas o actividades de refuerzo y profundización
• A-2.X - (3h) Actividades recordatorias y de reconocimiento de conexiones eléctricas y de maniobras básicas de máquinas eléctricas: estrella, triángulo, arranque directo, inversión de giro,... A través de estas actividades se recordarán y se ampliarán los contenidos/saberes asociados a: • C-2.1. La simbología normalizada y convencionalismos de representación en reparación de máquinas eléctricas. • C-2.2. Los planos y esquemas eléctricos normalizados. • C-2.3. La aplicación de programas informáticos de dibujo técnico y cálculo de instalaciones. • C-2.4 y C-2.5. - (2h) A partir del ejemplo de una instalación real de máquinas eléctricas, se explicarán los contenidos asociados a la elaboración de planes de mantenimiento y montaje de máquinas eléctricas, así como su normativa y reglamentación (2h) *(recordar y reconocer)*	• AR-2.X - Actividades recordatorias y de reconocimiento de conexiones eléctricas y de maniobras básicas de máquinas eléctricas (cuaderno de actividades del libro «Manual de Automatismos Industriales») *(recordar, reconocer y aplicar)* • AP-2.X - Actividades de diseño de conexiones y esquemas de máquinas eléctricas: (cuaderno de actividades básicas de los apuntes del módulo profesional de «Sistemas de Control Secuencia») *(aplicar, analizar, evaluar y crear)* • TP-2.1 - Recopilación de software de mantenimiento industrial especializado en máquinas eléctricas. Síntesis de funcionalidades básicas. *(aplicar, analizar, evaluar y crear)*

Tabla ejemplo 5.7. SA 2 de Máquinas eléctricas - Modelo 2 FP (tabla 3 de 3)

Tareas o actividades de enseñanza-aprendizaje (con calificación)	Resultado/s de aprendizaje y criterios de evaluación - Técnicas e instrumentos de evaluación
• AC-2.X – (3h) Actividades de dibujo (mediante software CAD): planos, conexiones y esquemas eléctricos. *(aplicar, analizar, evaluar y crear)*	RA1: Elabora documentación técnica… Criterios de evaluación: a) Se han dibujado croquis y planos de las máquinas y sus bobinados. b) Se han dibujado esquemas de placas de bornes, conexionados y devanados según normas. c) Se han realizado esquemas de maniobras y ensayos de máquinas eléctricas. d) Se han utilizado programas informáticos de diseño para realizar esquemas. e) Se ha utilizado simbología normalizada. Técnica: observación directa y sistemática. Instrumento: rúbrica de cuatro niveles de logro elaborada de manera cooperativa con el alumnado.
• TC-2.1 – (2h) Trabajo por parejas relacionado con la documentación del mantenimiento, correctivo o preventivo, asociado a una máquina eléctrica. *(aplicar, analizar, evaluar y crear)*	RA1: Elabora documentación técnica… Criterios de evaluación: f) Se ha redactado diferente documentación técnica. g) Se han analizado documentos convencionales de mantenimiento de máquinas. h) Se ha realizado una parte de trabajo tipo. i) Se ha realizado un proceso de trabajo sobre mantenimiento de máquinas eléctricas. j) Se han respetado los tiempos previstos en los diseños. k) Se han respetado los criterios de calidad establecidos. Técnica: observación directa y sistemática. Instrumento: rúbrica de cuatro niveles de logro elaborada de manera cooperativa con el alumnado.

 EJEMPLO 5.8.

Tabla de la situación de aprendizaje 3, «Derechos y deberes. El trabajador frente a la empresa», del módulo profesional de «Itinerario personal para la empleabilidad I».

La SA que se desarrolla en este ejemplo parte del mapa general del módulo profesional de «Itinerario personal para la empleabilidad I» del ejemplo 5.5. Para facilitar la visualización e interpretación del ejemplo, se presenta la tabla de SA dividida en 3 subtablas.

Tabla ejemplo 5.8. SA 3 de Itinerario personal para la empleabilidad I - Modelo 2 FP (tabla 1 de 3)

Situación de aprendizaje	3 - Derechos y deberes. El trabajador frente a la empresa	Horas	10
Resultado/s de aprendizaje	RA3 - Analiza sus condiciones laborales como persona trabajadora por cuenta ajena identificándolas en los principales tipos de cambios y vicisitudes relevantes que se pueden presentar en la relación laboral en la normativa laboral y especialmente en el convenio colectivo del sector.		

Objetivo general	Objetivos operativos y objetivos de centro
k) Proveer orientación profesional que facilite a las personas, a lo largo de la vida, la toma de decisiones en la elección y gestión de sus carreras formativas y profesionales [...] colaborando en la construcción de una identidad profesional motivadora de futuros aprendizajes y adaptaciones a la evolución de los procesos productivos y al cambio social, y favoreciendo el conocimiento de las oportunidades existentes.	• Adquirir la capacidad de entender los elementos, las características y los tipos de relaciones laborales, los entornos de organización del trabajo y las funciones de la Seguridad Social. • Aprender a trabajar con documentación laboral (contratos, recibos de salarios, documentos de prestación) y aplicar esta habilidad en un entorno práctico como futuro trabajador o emprendedor.

Preconocimiento

• Operaciones matemáticas tales como cálculo de porcentajes, proporciones, media aritmética, etc.
• Comprensión y análisis de textos formales propios del ámbito legislativo y administrativo: identificación de ideas principales, datos clave y pertinencia para las necesidades del lector.
• Competencias digitales: uso de la búsqueda en Internet para identificar fuentes fidedignas y encontrar documentación oficial.
Todos estos elementos forman parte del currículo de la Educación Secundaria Obligatoria.

Contenidos/Saberes

1. Conceptos básicos de derecho del trabajo. Fuentes. Aplicación e interpretación de las normas laborales.
2. Derechos y deberes de los trabajadores. Categoría y clasificación profesional. El poder de dirección del empresario.
3. Participación de los trabajadores en la empresa. Órganos de representación. Los convenios colectivos.
4. Nuevos entornos de contratación. Modalidades de contratación: aprendizaje, en prácticas, a tiempo parcial, etc.
5. La Seguridad Social. Normativa. El Régimen General. Afiliación, cotización y recaudación.
6. Estructura y elementos de los contratos. Forma y duración del contrato de trabajo.
7. Prestación básica del trabajador. Tiempo de la prestación, jornada, horas extraordinarias. Clases de jornadas, horarios y descansos.
8. Estructura del recibo de salarios. Salario base, complementos y prestaciones extrasalariales. Deducciones.
9. Modificación, suspensión y extinción del contrato de trabajo. Tipos y cuantía de las prestaciones derivadas de la suspensión y la extinción.

Tabla ejemplo 5.8. SA 3 de Itinerario personal para la empleabilidad I - Modelo 2 FP (tabla 2 de 3)

Estrategias didácticas para la enseñanza y el aprendizaje	
Orientaciones DUA para el apoyo a la inclusión	
• Para el acceso a la información asociada a esta SA, los videotutoriales explicativos y subtitulados, así como plantillas y numerosos ejemplos de legislación específica, contratos «tipo» y documentación administrativa asociada a estos contratos se facilitarán al alumnado al comienzo de la SA, a través del aula virtual y en formato PDF descargable. • Para el procesamiento de la información, las explicaciones se harán siguiendo un proceso lógico y secuencial sobre cómo analizar las fuentes de documentación, dónde encontrar la información relevante (BOE, documentos oficiales de las comunidades autónomas, información de organizaciones sindicales y empresariales) y cómo utilizarla. Además, las tareas y actividades se plantean al alumnado con un nivel de dificultad creciente tanto en amplitud (la introducción de los elementos y las circunstancias de la relación laboral se hace de forma progresiva) como en profundidad (el trabajo es cada vez más abstracto y requiere más autonomía por parte del alumnado, así como un esfuerzo cognitivo mayor). • Para la expresión de la información, se seguirán las orientaciones de carácter general indicadas en el apartado «Apoyo a la inclusión».	**Tareas o actividades de refuerzo y profundización** • AR-3.X - Actividades recordatorias y de reconocimiento de los principales elementos normativos que influyen en las relaciones laborales mediante tareas específicas disponibles en la plataforma *online* del módulo que pueden completarse progresivamente al ritmo que marque cada alumno (*recordar, reconocer y aplicar*). • AP-3.X - Retos de investigación con los que el alumnado ha de encontrar en Internet (se facilitan fuentes como la página del BOE, páginas especializadas en legislación laboral, información de los sindicatos…) la respuesta a determinadas cuestiones sobre la participación de los trabajadores en la empresa, la contratación y la resolución de contratos, así como evaluar la certeza, el rigor y la precisión de sus respuestas (*aplicar, analizar, evaluar y crear*).
Tareas o actividades de enseñanza y aprendizaje (sin calificación)	
• A-3.X - (3h) Actividades recordatorias y de reconocimiento de los principales elementos normativos que influyen en las relaciones laborales. A través de estas actividades se recordarán y se ampliarán los contenidos/saberes asociados a: • C-3.2. Derechos y deberes de los trabajadores. Categoría y clasificación profesional. El poder de dirección del empresario. • C-3.3. Participación de los trabajadores en la empresa. Órganos de representación, convenios colectivos, etc. • C-3.4. Características de los nuevos entornos y diferentes modalidades de contratación. Derechos que conllevan. • C-3.5. Normativa de la Seguridad Social. Normativa. El Régimen General. Afiliación, cotización y recaudación. • A.3.X. - (3h) A partir de ejemplos reales de contratos, recibos de salarios y de prestaciones, se compararán las diferentes modalidades de contratación, se identificarán los diferentes componentes del recibo del salario y se analizarán los distintos tipos de prestación. A través de estas actividades se recordarán y se ampliarán los contenidos/saberes asociados a: • C-3.6 - Estructura y elementos de los contratos. Forma y duración del contrato de trabajo. • C-3.7 - Prestación básica del trabajador. Tiempo de la prestación, jornada, horas extraordinarias. Clases de jornadas, horarios y descansos. • C-3.8 - Estructura del recibo de salarios. Salario base, complementos y prestaciones extrasalariales. Deducciones. • C-3.9 - Modificación, suspensión y extinción del contrato de trabajo. Tipos y cuantía de las prestaciones derivadas de la suspensión y la extinción.	

Tabla ejemplo 5.8. SA 3 de Itinerario personal para la empleabilidad I - Modelo 2 FP (tabla 3 de 3)

Tareas o actividades de enseñanza-aprendizaje (con calificación)	Resultado/s de aprendizaje y criterios de evaluación - Técnicas e instrumentos de evaluación
• AC-3.1 – (2h) Actividad en la que el alumnado ha de analizar fragmentos de normativa laboral específica y dar respuesta a cuestiones concretas de una manera rigurosa y creativa (*aplicar, analizar, evaluar y crear*).	RA1: Analiza sus condiciones laborales… Criterios de evaluación: a) Se han analizado los derechos y obligaciones derivados de la relación laboral, así como las condiciones de trabajo pactadas en un convenio colectivo aplicable al sector profesional relacionado con el título. c) Se han identificado las características definitorias de los nuevos entornos de organización del trabajo y los derechos que conlleva. f) Se ha valorado el papel de la Seguridad Social como pilar esencial para la mejora de la calidad de vida de los ciudadanos. Técnica: observación directa y sistemática. Instrumento: rúbrica de cuatro niveles de logro elaborada de manera cooperativa con el alumnado.
• TC-3.1 – (2h) Trabajo por parejas en el que el alumnado resuelve un caso práctico con documentación real (contrato, recibo de salario, resolución de la relación laboral) y ha de analizar la información recibida y evaluar su pertinencia y rigor, así como proponer posibles correcciones o modificaciones (*aplicar, analizar, evaluar y crear*).	RA1: Analiza sus condiciones laborales… Criterios de evaluación: b) Se han comparado las principales modalidades de contratación, localizando los diferentes modelos en las fuentes oficiales. d) Se han identificado los diferentes componentes del recibo de salario. e) Se han identificado los recursos laborales existentes ante las diferentes vicisitudes que se pueden dar en la relación laboral. g) Se han analizado las principales prestaciones derivadas de la suspensión y extinción de la relación laboral. Técnica: observación directa y sistemática. Instrumento: rúbrica de cuatro niveles de logro elaborada de manera cooperativa con el alumnado.

Reflexión

1. En este libro hemos propuesto dos modelos de tabla de SA. Se utilicen estos o cualquier otro, lo importante es que sea acordado en la concreción curricular del centro educativo y/o departamento didáctico. En cualquier caso, recomendamos que se incluyan, al menos, los elementos esenciales.

2. Dentro de las estrategias didácticas para la enseñanza y el aprendizaje, cada tabla debe incluir solo las que estén directamente asociadas a esa SA. Es decir, si las referencias al DUA son genéricas para todas las SSAA, deberían incluirse en el apartado general de «Orientaciones metodológicas» o en el de «Apoyo a la inclusión».

3. Las tablas de SSAA deben incluir orientaciones claras para el diseño de los contenidos/saberes y las tareas de enseñanza y aprendizaje, pero la concreción de estos elementos didácticos debe realizarse en la programación de aula.

4. Tras haber diseñado cada una de las tablas de SSAA recomendamos:

   a. Revisar el apartado «Contextualización» de la programación y reflexionar respecto a la introducción de posibles mejoras en las SSAA para contextualizar los contenidos/saberes básicos y atender a la diversidad del alumnado.

   b. Verificar que todos los CCEE asociados al RA o RRAA de la SA se han tenido en cuenta en, al menos, una tarea o actividad de enseñanza y aprendizaje.

   c. Si fuera necesario, actualizar las tablas de SSAA para que se incluyan los objetivos, RRAA y CCEE.

   d. Revisar de nuevo el proceso e introducir mejoras. Para ello pueden plantearse preguntas como las siguientes:
   - ¿El mapa general inicial de SSAA es acertado?
   - ¿El número de SSAA es adecuado?
   - ¿Es necesario redactar tantos objetivos operativos?

5.3. Distribución temporal

La distribución temporal se utiliza para controlar el tiempo que se le dedica a algo. Cuando se asigna un tiempo a cada elemento de un conjunto, se facilita la organización de sus componentes: los objetivos, los resultados, los cambios o posibles alteraciones, etc.

En educación, asignar tiempos supone marcar y establecer fechas de cumplimiento de los contenidos o saberes, así como también de los objetivos, estrategias, evaluaciones y posibles alteraciones. Este proceso se conoce como distribución temporal y sirve para que el profesorado concrete cuándo va a ser el trabajo del curso lectivo en el que se encuentra. En general, esta distribución temporal debe hacerse al empezar el curso académico aunque se ha de contar con la posibilidad de que sufra variaciones por distintas razones. Los cambios que se produzcan no solo se incorporan, sino que se tienen en cuenta para el curso siguiente, como propuestas de mejora.

Una vez definidas las SSAA, hay que determinar qué relevancia tiene cada una de ellas en el conjunto. Una vez se ha ponderado la importancia de cada SA, puede concretarse la distribución temporal en base al calendario escolar y al horario lectivo.

Los pasos a seguir son los siguientes:
1. Se revisa el mapa general de SSAA y se otorga una medida numérica de la relevancia a cada SA (por ejemplo, un porcentaje del total). Para hacer esto se ha de tener en cuenta la importancia relativa de los RRAA y los CCEE asociados, así como la dificultad que puede tener el alumnado para aprender y resolver las actividades, prácticas y proyectos asociados.
2. Se analiza el calendario docente y el horario lectivo, a fin de determinar cuántas horas efectivas de clase existen en cada trimestre.
3. Se transforman los porcentajes de relevancia asignados a cada SA en horas lectivas reales con una simple regla de tres.

Puede plasmarse el resultado en una tabla resumen donde se indique la distribución temporal de cada trimestre, de forma que se tenga una visión general de todo el curso.

Al transformar el porcentaje de relevancia en horas lectivas reales es muy probable que sea necesario alterar estos porcentajes para poder redondear las horas de clase. De cualquier forma, este proceso (porcentaje de relevancia - horas lectivas) asegura que la distribución temporal de las SSAA estará equilibrada de acuerdo a los criterios con los que se han decidido las prioridades.

Tabla 5.4. Cronograma de distribución temporal de SA

CRONOGRAMA SEMANAL (planificación y seguimiento de la programación didáctica) — Fecha prevista / Fecha real

Mes	Septiembre					Octubre					Noviembre					Diciembre					Enero					Febrero					Marzo					Abril					Mayo					Junio					Julio				
Semana	1	2	3	4	5	1	2	3	4	5	1	2	3	4	5	1	2	3	4	5	1	2	3	4	5	1	2	3	4	5	1	2	3	4	5	1	2	3	4	5	1	2	3	4	5	1	2	3	4	5	1	2	3	4	5
SA1																																																							
SA2																																																							
SA3																																																							
SA4																																																							
SA5																																																							
SA6																																																							
SA7																																																							
SA8																																																							
SA9																																																							
SA10																																																							

Reflexión

El nivel de concreción de esta distribución temporal variará en función de diversos aspectos (experiencia del profesorado, tipología del alumnado, potenciales cambios metodológicos, etc).

Un nivel de concreción diario dudosamente será realista y muy probablemente provocará estrés al profesorado y al alumnado.

Un nivel de concreción trimestral resulta poco práctico y no permitirá detectar a tiempo las posibles desviaciones entre lo temporalizado y su ejecución real.

Es bastante común y además razonable un término medio que consiste en un nivel de concreción semanal o quincenal.

La distribución temporal puede plasmarse en una hoja de cálculo como ilustra la tabla 5.4 o puede utilizarse un *software* específico de planificación de proyectos singulares.

5.4. Recursos

Aparte del mapa general, de las tablas de cada SA, de la distribución temporal y de la secuenciación, también es importante dedicar un apartado específico a los recursos que serán necesarios para desarrollar las SSAA.

En este apartado se han de indicar:

1. Los recursos individuales del alumnado: material de escritura, calculadora, ordenador, diccionario, herramientas, instrumentos de medida, equipo individual de seguridad, etc. Hay que tener en cuenta que ningún estudiante puede quedar excluido por motivos económicos, por lo que el centro educativo debe contar con estrategias para compensar las desigualdades y eliminar cualquier tipo de barrera.

2. Los recursos del centro o del departamento didáctico: licencias de *software*, ordenadores, material de laboratorio, material de taller, etc.

3. El material bibliográfico de referencia, refuerzo y profundización.

En la mayoría de casos, los recursos son generales para todo el módulo y no para una SA en concreto, por lo que parece más acertado incluir estos recursos como un apartado independiente y de este modo no repetir lo mismo en cada una de las SSAA.

De cualquier modo, si alguna SA requiere recursos específicos, podría contemplarse e incluirlos en su propia tabla.

5.5. Programación de aula

La programación didáctica y las tablas de SSAA definen la línea de trabajo a seguir, pero requieren un mayor nivel de concreción a través de la «programación de aula».

La programación de aula, además de incluir la planificación previa a la clase, también debe incorporar los recursos didácticos que se utilizarán y los registros que se han obtenido al terminar la sesión. Por tanto, la programación de aula no solo es un calendario o agenda que desarrolla y concreta la programación didáctica, sino también todas aquellas anotaciones de lo que se ha hecho, es decir, las observaciones del proceso de enseñanza y aprendizaje de cada sesión. Por este motivo, la programación de aula también incluye el cuaderno del profesorado, o al menos se conecta con él.

La programación de aula es un documento operativo, complementario e interdependiente de la programación didáctica. Debería incluir, al menos, para cada sesión:

1. La fecha.
2. Los RRAA, CCEE, contenidos/saberes y estrategia didáctica que se pretende desarrollar.
3. Los recursos didácticos que se utilizarán.
4. Las anotaciones, propuestas de mejora, faltas de asistencia y/o calificaciones del alumnado, etc.

Los tres primeros apartados se planifican de forma previa al desarrollo de la sesión y por tanto, deben reflejarse en el momento de concretar la SA.

El cuarto apartado son anotaciones posteriores a la sesión, y se utilizarán como registro de aquello que el profesorado considera relevante para el seguimiento y la mejora del proceso de enseñanza y aprendizaje.

A la tabla de SA (la propuesta como modelo 1 (tabla 5.2), la propuesta como modelo 2 (tabla 5.3) o la que se considere oportuna), se le debería añadir la siguiente información:

Tabla 5.5 Tabla de «Programación de aula».

Sesión	Fecha	RRAA - CCEE - Contenido/Saber	Estrategia y recurso didáctico	Observaciones y registros
1	xx/xx/xxxx	Referencia del RRAA, CCEE y contenido/saber	Presentación, enunciado de la actividad o tarea, enunciado del proyecto, asamblea, rúbrica,...	Anotaciones, propuestas de mejora, calificaciones del alumnado, faltas de asistencia,...
2				
3				
4				
5				
...				

 EJEMPLO 5.9.

Tabla ejemplo 5.9. Parte de la «Programación de aula» asociada a la SA2 de Máquinas eléctricas (ejemplo 5.7)

Sesión	Fecha	RRAA - CCEE - Contenido/Saber	Estrategia y recurso didáctico	Observaciones y registros
1	15/01/2024	RA1: C2.1., C2.2., C2.3.	A-2.1. (actividad por parejas - 25'). Indica el nombre de todos los elementos de los 4 esquemas siguientes. A continuación, identifica también los convencionalismos propios de la representación de máquinas eléctricas. Por último, refiere la norma utilizada para la representación. Enlace a los esquemas (corrección en grupo-clase: 20'). A-2.2. (actividad por parejas - 45'). Visualiza el video tutorial de 15' de uso básico del software «CAD-Electric» y posteriormente dibuja la inversión de giro de un motor de corriente alterna trifásico. Enlace al video tutorial «Uso básico de «CAD-Electric» (corrección en grupo-clase: 10').	
2	17/01/2024	RA1: C2.1., C2.2., C2.3., C2.4., C-2.5.	A-2.3. (actividad por parejas - 40'). Utiliza el software «CAD-Electric» y dibuja el arranque estrella triangulo con temporizador. A continuación, añade una página nueva al fichero electrónico y detalla la conexión de la placa de bornes del motor. (corrección en grupo-clase: 15'). C-2.4 y C-2.5 (actividad en grupo-clase - asamblea - 55'). Visualización del video en el que se explica el proceso productivo de una empresa de fabricación de botellas de plástico y se incide en los procesos de mantenimiento (preventivo y correctivo), así como en el software que se emplea para su gestión. De manera asamblearia se construirá un mapa de aprendizajes con los conceptos asociados a la elaboración de planes de mantenimiento y montaje de máquinas eléctricas, así como su normativa y reglamentación Enlace al video «Proceso de fabricación y gestión del mantenimiento en la empresa XXXX»	
3	19/01/2024	RA1: C2.1., C2.2., C2.3., C2.4., C-2.5. RA1: CCEE a), b), c), d) e)	C-2.4 y C-2.5 (actividad en grupo-clase - asamblea - 55'). Se continuará con la visualización del video y la construcción conjunta del mapa de aprendizajes iniciada en la sesión anterior. AC-2.4. (actividad individual - 55'). Utiliza el software «CAD-Electric» y dibuja el arranque estrella triangulo con temporizador e inversión de giro. Genera el fichero del proyecto y súbelo a la correspondiente tarea del aula virtual. Esta actividad será corregida y calificada de acuerdo con ESTA RÚBRICA (véase ejemplo 8.8) Corrección individual (actividad con calificación)	
...				

NOTAS:

- La interpretación de este ejemplo, debe realizarse en base al ejemplo 5.7. De hecho, este ejemplo es el desarrollo (programación de aula) del ejemplo 5.7 (tabla de SA).
- Las sesiones de clase son de 110 minutos (2 horas lectivas de 55').
- A la tabla de este ejemplo, le faltaría enlazar los correspondientes recursos (esquemas eléctricos, video tutorial…).

Reflexión

La programación didáctica es un documento de planificación educativa que debe realizarse desde el centro y/o departamento didáctico. Por su parte, la programación de aula es un documento operativo que debe realizar el profesor o profesora responsable del módulo, en base a las orientaciones acordadas y plasmadas en la programación didáctica. Es decir, la programación didáctica, por sí misma, no puede llevarse al aula. Para ello, se necesita un paso previo: la programación de aula.

La programación de aula debe incluir:

1. *Todos los recursos necesarios para materializar el proceso de enseñanza y aprendizaje: presentaciones, enunciados, videos…*
2. *Todas las anotaciones para el seguimiento y mejora del proceso de enseñanza y aprendizaje: registros de evaluación, propuestas de mejora para el siguiente curso…*

Queremos resaltar que la programación de aula no es objeto de este libro y por tanto excede su ámbito. De cualquier modo, el ejemplo 5.9, a falta de incluir los recursos, materiales, observaciones y propuestas de mejora, puede considerarse la programación de aula de parte de una SA.

Fíjese el lector que en el ejemplo 5.9 se detalla el tiempo dedicado a cada actividad, e incluso el tiempo previsto para la correspondiente corrección. Obviamente, este nivel de detalle no puede ni debe utilizarse en la programación didáctica. Por eso, a partir de la programación didáctica se diseña la programación de aula, que precisamente constituye el recurso docente para poder detallar el proceso de enseñanza y aprendizaje. Consideramos oportuno introducir este concepto y proporcionar un ejemplo al lector o lectora, pero hemos optado por no extendernos en este punto porque la programación de aula, como hemos mencionado, excede el ámbito de este libro.

Todo lo que en este apartado se indica es necesario completarlo con la metodología y la evaluación. Realmente estos tres apartados (RRAA y SSAA, metodología y evaluación) son complementarios y deben desarrollarse de forma conjunta y sin perder de vista las competencias profesionales y para la empleabilidad y los objetivos, los principios de inclusión educativa, etc.

Además, todo lo que se señala en este apartado, y muy especialmente el desarrollo de las SSAA a través de la programación de aula, debe tener en cuenta:

1. Las orientaciones pedagógicas asociadas al módulo profesional (anexo I del R.D. del Título).

2. El DUA, es decir, que ningún recurso didáctico que se despliega en el aula suponga una barrera para ningún alumno o alumna.

La estrategia que se propone para el diseño y desarrollo de las SSAA es totalmente aplicable a una estructura que agrupe RRAA de diferentes módulos. En este caso, hay que realizar un agrupamiento de los CCEE de los distintos módulos que componen la agrupación. Una vez estén agrupados estos CCEE, el desarrollo de la programación es el mismo que el que se propone en este capítulo.

Capítulo VI.

Orientaciones metodológicas

> **«Si se estudia un problema con orden y método,
> no hay dificultad alguna en resolverlo»**
> Hércules Poirot en *Muerte en las nubes* de Agatha Christie *(1890-1976)*

Del marco legislativo que se resume en el anexo A puede concluirse que la programación didáctica y el proceso de enseñanza y aprendizaje asociado al nuevo sistema de FP requiere flexibilización y adaptación a las necesidades del alumnado, así como focalización en los RRAA, tanto en el desarrollo de la enseñanza como en la evaluación. Los contenidos o saberes básicos pasan a un segundo plano y los proyectos y retos deben ser las estrategias básicas que han de marcar la metodología del proceso de enseñanza y aprendizaje. Además, es necesaria la coordinación entre los centros educativos y las empresas en aquellos módulos que se desarrollen en formación dual, tanto para aportar coherencia metodológica como evaluativa.

El artículo 13 del R.D. 659/2023 establece los principios pedagógicos de las ofertas de FP, los cuales se resumen en:

- Integrar aspectos científicos, tecnológicos y organizativos, para que el alumnado adquiera una visión global de los procesos productivos propios de la actividad profesional correspondiente.
- Incorporar metodologías activas que faciliten los aprendizajes y conseguir entornos innovadores de aprendizaje.

• En el caso de optar por una metodología que no diferencie entre módulos profesionales, será necesario recoger claramente todos los RRAA sujetos a evaluación.

Además, de acuerdo con el artículo 15 ese mismo Decreto, los principios pedagógicos anteriores deben acompañarse con la adecuada atención a las diferencias individuales mediante los siguientes principios:

• La flexibilización.
• Alternativas metodológicas de adaptabilidad.
• La adaptación temporal.
• El Diseño Universal Formativo (DUF) y Diseño Universal de Aprendizaje (DUA).

Las líneas básicas para establecer una estrategia metodológica deben fijarse por parte del centro educativo, ya que corresponden a la concreción curricular de centro, en base a las orientaciones anteriores. De este modo, todo el profesorado de un mismo centro educativo ha de seguir las estrategias básicas que lleven a la práctica los valores, objetivos y prioridades de actuación definidos y consensuados en el PEC. Por tanto, idealmente todo el claustro debe seguir la línea metodológica establecida.

De esta manera, se evita que se puedan encontrar en un mismo centro metodologías dispares, incluso contradictorias. Este modelo se basa en que las orientaciones metodológicas indicadas en el PEC y en la concreción curricular deberían haber sido desarrolladas por todo el claustro, de forma que sean el fruto del consenso y no de la imposición.

En este apartado de la programación deben incluirse:

1. Las orientaciones metodológicas de base.
2. Las orientaciones metodológicas específicas para el apoyo a la inclusión.

EJEMPLO 6.I.
Propuesta educativa del «Index for Inclusion»

Este ejemplo no debe interpretarse como un apartado a incluir en el documento «programación didáctica», sino como una forma de cómo llegar a ella. Se trata de una breve introducción a la propuesta del Index for Inclusion, de Booth, Ainscow y Kingston[10], que, a nuestro parecer, podría tenerse en cuenta en el PEC, en la concreción curricular de centro o en otro documento de carácter general, como por ejemplo el «Plan de atención a la diversidad». Consiste en una herramienta que nos puede ayudar a dotar de coherencia a nuestras prácticas.

En este modelo se define la inclusión educativa como *una escuela común para todos,* donde nuestro foco de atención, desde esta perspectiva metodológica, lo debemos poner en la eliminación de las barreras al aprendizaje y a la participación. Los autores hacen una propuesta fundamentada en el desarrollo de un marco de valores, que podría definirse y desarrollarse en el PEC y que se sintetiza en la tabla siguiente:

Estructuras	Relaciones	Espíritu
Igualdad Derechos Participación Comunidad Sostenibilidad	Respeto a la diversidad No - violencia Confianza Compasión Honestidad Valor	Alegría Amor Esperanza/Optimismo Belleza

Este marco de valores se materializa a través de lo que ellos definen en tres «dimensiones para el desarrollo escolar»:

1. **Culturas inclusivas.** «Esta dimensión está orientada hacia la reflexión sobre la importancia de crear comunidades escolares seguras, acogedoras y colaboradoras».
2. **Políticas inclusivas.** «Esta dimensión pretende asegurar los análisis que permitan llegar a conseguir que la inclusión esté en el corazón del proceso de mejora e innovación, empapando todas las políticas e implicando a todo el mundo».
3. **Prácticas inclusivas.** «Esta dimensión pretende poner en el centro de la reflexión cómo mejorar lo que se enseña y se aprende y cómo se

---

10 Booth, T., Ainscow, M. y Kingston, D. (2006) *Index for inclusion*, Centre for Studies on Inclusive Education.

enseña y aprende, de modo que ambos aspectos reflejen los valores inclusivos y las políticas establecidas en el centro».

Posteriormente, esto permitirá crear un marco para la planificación desarrollado a través de una serie de indicadores y preguntas que nos orientarán en la toma de decisiones y su posterior materialización dentro del centro educativo, concretándolo de la siguiente manera:

A. Creación de culturas inclusivas	
A1. Construyendo comunidad	A2. Estableciendo valores inclusivos
A1.1 Todo el mundo es bienvenido…	A2.1. El centro escolar desarrolla valores inclusivos compartidos…
A1.1. a) ¿La no violencia es entendida como una interacción no represiva así como la ausencia de conflicto físico?...	A2.1.a) ¿El equipo educativo, los miembros del consejo escolar, los padres/tutores y los estudiantes disponen de tiempo para hablar de valores…
B. Establecimiento de políticas inclusivas	
B1. Desarrollando un centro escolar para todos	B2. Organizando el apoyo a la diversidad
B1.1 El centro escolar tiene un proceso de mejora participativo…	B2.1 Todas las formas de apoyo están coordinadas…
B1.1.a) ¿Hay un plan de mejora para el centro escolar y su entorno que es ampliamente conocido y acordado por el equipo educativo, el consejo escolar…?	B2.1.a) ¿El apoyo es entendido como todas aquellas actividades que incrementan la capacidad del centro escolar para responder a la diversidad de estudiantes…?
C. Desarrollo de prácticas inclusivas	
C1. Construyendo un currículo para todos	C2. Orquestando el aprendizaje
C1.1 Los estudiantes exploran los ciclos de producción y consumo de alimentos…	C2.1 Las actividades de aprendizaje se han planificado considerando a todos los estudiantes…
C1.1. a) ¿Hay un jardín o huerto en el centro escolar donde los estudiantes aprendan sobre el cultivo de vegetales para la alimentación?	C2.1.a) ¿Las actividades están planificadas para apoyar el aprendizaje de los estudiantes antes que para cumplir con un currículo establecido?

De esta forma, se establece un tránsito de manera lógica y ordenada desde el establecimiento de un marco de valores escolar hasta el desarrollo de nuestras prácticas, en este caso, fundamentadas en el *Index for Inclusion*.

Reflexión

Como se ha indicado, la metodología que se desarrolla en todos los módulos de un mismo centro educativo debe guardar coherencia entre sí. Ahora bien, en todos los casos, el punto de partida deben ser los principios pedagógicos establecidos en la legislación. A saber:

1. Integración de aspectos científicos, tecnológicos y organizativos.

2. Metodologías activas.

3. RRAA como elementos estructurales.

4. Flexibilización y adaptación a las necesidades del alumnado.

5. Diseño universal formativo (DUF) y diseño universal de aprendizaje (DUA).

6.1. Orientaciones metodológicas de base

Los principios pedagógicos establecidos en la legislación y las orientaciones consensuadas en el PEC requieren particularización por parte del profesorado y del equipo docente, pues la estrategia metodológica siempre debe concretarse en función de varios factores, entre los que se pueden destacar:

- Las características específicas del alumnado (para fomentar su participación).
- El tipo de formación (presencial, semipresencial o a distancia).
- El tipo de módulo (transversal, asociado a un estándar de competencia...).
- La formación del profesorado.

Por tanto, se parte de las premisas que facilitan la legislación y la concreción del centro educativo para elaborar el apartado «Orientaciones metodológicas de base» de la programación didáctica. Este apartado debe especificar lo que indican las disposiciones legislativas (metodologías activas, flexibilidad...) y particularizar las orientaciones básicas que facilita el centro educativo.

Reflexión

El texto de este apartado puede recordar todo lo que nos indica la legislación y el propio centro, pero no debe quedarse simplemente en este recordatorio, sino que necesariamente debe concretar cómo estas medidas se llevarán a la práctica en el aula. En consecuencia, el texto de este apartado debe ser concreto, conciso y responder al «cómo». Es importante tener presente que la programación didáctica es un documento práctico y operativo, y no un libro de texto que se limita a exponer las distintas metodologías.

En función de la aproximación metodológica por la que se opte, es posible que se utilicen distintas estrategias para el desarrollo de las SSAA. En este caso, es necesario describir cada una de estas estrategias y asociarlas a las distintas SSAA. También es posible definir una única estrategia didáctica, por ejemplo, el trabajo por proyectos de investigación, e indicar que esta será la estrategia referente para todas las SSAA, tal y como se indica en el ejemplo siguiente:

EJEMPLO 6.2.
Parte del texto de las orientaciones metodológicas de base de un módulo determinado

La metodología activa que se aplicará en este módulo tiene como base fundamental el aprendizaje basado en proyectos. Por este motivo, los contenidos o saberes básicos procedimentales de las SSAA se abordan de manera global y progresiva a lo largo del curso. En este contexto, se entiende por proyecto un conjunto de actividades organizadas y elaboradas de forma sistemática, que tiene como objetivo último dar respuesta a una situación problemática.

El currículo del módulo se contempla como un proceso en construcción y se relaciona con lo que sucede fuera del ámbito escolar, contribuyendo a la transformación social y estableciendo nexos de unión con diferentes entidades y asociaciones de nuestro entorno más próximo (citadas en el análisis externo, apartado 2 de la programación didáctica).

En cuanto a la organización, el propósito es dotar al alumnado de una autonomía creciente, de forma que vaya adquiriendo las habilidades necesarias para gestionar su propio aprendizaje, procurando la eliminación de las barreras y fomentando su mayor participación.

No obstante, se parte de una situación en la que el alumnado está muy habituado a métodos más tradicionales, por lo que el proceso será progresivo.

Para organizar las actividades se relacionarán las fuentes de datos e información con los procedimientos necesarios para procesarlos y comprenderlos, se hará énfasis en la reflexión sobre el proceso de aprendizaje, que ha de ser significativo, y se modificarán algunos aspectos de la organización del trabajo en el aula, tales como trabajar temas diversos, conectarlos con los intereses del alumnado e introducir cierta descentralización en la responsabilidad del desarrollo de las actividades.

En resumen, la propuesta metodológica de este módulo es el trabajo por proyectos de investigación. Esta metodología se introducirá de manera progresiva y en todo momento se tendrán en cuenta las motivaciones y propuestas de todo el alumnado del grupo-clase.

En cualquier caso, la aproximación metodológica escogida ha de procurar la eliminación de barreras para el aprendizaje y la participación de todo el alumnado. Para esto, es de vital importancia conocer el nivel de partida de los estudiantes, establecer unos objetivos claros y materializarlos a través de la construcción conjunta del conocimiento.

Si del análisis previo del alumnado se desprende un nivel cognitivo y de conocimientos previos bastante homogéneo, la metodología de tipo conductista podría ser efectiva. Ahora bien, si el grupo es heterogéneo, y esto es lo más usual, es posible que a la persona que utilice una metodología conductista le resulte más complicado atender a los distintos ritmos de aprendizaje, a las distintas memorias de trabajo, y, en general, a las distintas idiosincrasias del grupo-clase. En este último caso, es más recomendable emplear estrategias didácticas colaborativas, dirigidas a la construcción conjunta del aprendizaje.

Reflexión

La tradición y las características propias de algunos módulos pueden llevar a utilizar una metodología que encadene diferentes actividades prácticas individuales. En algunos casos, estas prácticas no introducen nuevos aprendizajes y solo persiguen mejorar la destreza práctica del alumnado.

Recomendamos que se reflexione al respecto y que cada una de las actividades prácticas incluya nuevos aprendizajes y desarrolle, en amplitud y/o profundidad, el RA y CE o CCEE que les dan sentido. Salvo algunos casos, la destreza práctica debería adquirirse en el entorno profesional.

Es importante recordar que el currículo establece los aspectos mínimos y, por tanto, define la amplitud del aprendizaje. Queda en manos del profesorado la profundidad, pero siempre teniendo en cuenta que es necesario llegar, al menos, a la amplitud mínima definida en el marco legislativo.

6.2. Orientaciones metodológicas específicas para el apoyo a la inclusión

Siguiendo con el modelo que propone el *Index for Inclusion*, se debe entender el apoyo a la diversidad como «todas las actividades que aumentan la capacidad del centro escolar de responder a la diversidad del alumnado de forma que se les valore a todos y todas igualmente». Por tanto, «si las actividades de aprendizaje se diseñan para apoyar la participación de todos los estudiantes, la necesidad de apoyo individual se reduce».

Puesto que es de esperar un grupo heterogéneo, este apartado de la programación didáctica debe incluir, además de las orientaciones metodológicas de base, información acerca de la atención a la inclusión educativa, que consiste en identificar las necesidades específicas del alumnado para garantizar la igualdad de oportunidades y lograr todo su desarrollo potencial. Esto requiere la identificación y eliminación de barreras al aprendizaje y a la participación, el uso de recursos para dar respuesta a la diversidad del aula y el desarrollo de un currículo y unos valores inclusivos. Por tanto, se ha de dar respuesta a los distintos ritmos de aprendizaje y adaptar los RRAA cuando sea necesario.

En este sentido, se entiende por «medidas» aquellas adaptaciones, programas o apoyos dirigidos a eliminar las barreras al aprendizaje y a la participación. La aplicación de medidas específicas se trata en el siguiente capítulo de este documento, *Apoyo a la inclusión*, pero en el apartado de metodología se han de adelantar aquellas que se dirijan a toda la comunidad educativa (lo que se denominará en este libro «nivel de respuesta I») así como las que se aplican al grupo-clase (lo que se denominará «nivel de respuesta II»).

Para atender al nivel de respuesta I (toda la comunidad educativa), bastaría con hacer referencia a los documentos de planificación educativa de centro que atienden a la diversidad, la inclusión, la igualdad, la convivencia, la acción tutorial, etc. Sería suficiente con uno o dos párrafos de dos o tres líneas. A continuación, se ha de indicar la influencia de estos documentos del centro en el módulo objeto de la programación didáctica.

El grueso de este apartado debe dedicarse al nivel de respuesta II, ya que estas medidas se dirigen a todo el grupo-clase, están detalladas en las SSAA, las coordina el tutor o la tutora y las aplica todo el equipo docente. En esencia, incluyen la atención a la diversidad en las programaciones (actividades de ampliación y refuerzo, prevención de dificultades, etc.) y las actuaciones transversales que fomenten la igualdad, la convivencia, la salud y el bienestar.

Una posible guía de redacción para indicar las medidas de respuesta de nivel II es la de especificar las acciones para cada una de las tres dimensiones que se definen en la legislación y están basadas en el *Index for inclusion*[11].

- **Medidas de acceso o presencia.** Son aquellas que están destinadas a eliminar las barreras físicas, sensoriales, cognitivas y emocionales; las actuaciones dirigidas a prevenir y reducir el abandono escolar; y la compensación de las desigualdades en el acceso y la permanencia en el sistema educativo derivadas de situaciones personales, sociales, económicas, etc. Corresponden al nivel II la prevención de absentismo, la adecuación de los materiales didácticos para que sean compatibles con los valores inclusivos y la coordinación con el tutor o tutora y el equipo docente.
- **Medidas para el aprendizaje.** Se materializan en las concreciones curriculares y la adecuación de los procedimientos de evaluación. En el nivel II se aborda la adaptación de las programaciones para que incluyan proyectos interdisciplinarios que relacionen los aprendizajes con el contexto social y cultural del grupo-clase. También corresponde a este nivel

---

11 Booth, T., Ainscow, M. y Kingston, D. (2006) *Index for inclusion*, Centre for Studies on Inclusive Education. El *Index for Inclusion* no establece exactamente estas tres dimensiones, sino que, como se indicó en el ejemplo 6.1 de este capítulo, propone culturas, políticas y prácticas.

la incorporación de estrategias y técnicas metodológicas que favorezcan la inclusión, así como el ajuste de los procedimientos e instrumentos de evaluación cuando sea necesario.

- **Medidas de participación y pertenencia.** Están dirigidas al fomento de la inclusión del alumnado en la vida del centro y se concretan en la promoción de la igualdad y la convivencia y en la prevención de conflictos. Además, se puede fomentar la participación del alumnado en las estructuras del centro como la junta de delegados o el consejo escolar o social. Todas estas medidas corresponden al nivel II.

Por ejemplo, en este nivel pueden mencionarse medidas como la programación multinivel y el DUA. Se trata de indicar, sin referencias directas al alumnado con Necesidades Específicas de Apoyo Educativo y Formativo (NEAE-F)[12], cómo afrontar la diversidad del grupo clase: distintos ritmos de aprendizaje, diferentes memorias de trabajo, etc. Este apartado será clave para reflexionar sobre la estrategia didáctica general y, en su caso, de forma específica para una u otra SA.

Por otro lado, alternativamente se podrían utilizar los indicadores y preguntas que se desarrollan en el *Index for Inclusion*, a través de sus dimensiones, indicadores y preguntas, como guía en la toma decisiones en cuanto al enfoque inclusivo, tanto metodológico como de apoyo a la diversidad del aula.

Por último, habría que incluir un apartado específico para el alumnado con el módulo pendiente, así como las orientaciones básicas para el plan específico de recuperación en el supuesto de que algún alumno o alumna deba presentarse a la convocatoria extraordinaria. Estos dos ítems son preceptivos, de forma que en el supuesto de no incluirse en un documento independiente de centro, se ha de indicar en la programación didáctica, y posiblemente este sea el apartado más acertado para hacerlo. Como se comprobará en el capítulo VIII, lo mismo ocurrirá en la evaluación, es decir, será necesario incluir un apartado específico en el que se indique cómo evaluar al alumnado con el módulo pendiente.

Los planteamientos del DUA y del *Index for Inclusion* son coherentes, pero no son exactamente iguales. Ambos proponen itinerarios que pueden seguirse en función de la respuesta que se dé a un listado de preguntas. De esta forma, orientan para recorrer un camino inclusivo. Dado el elevado número de posibles preguntas, esta tarea no es sencilla, por lo que se recomienda aplicar estos enfoques de manera progresiva.

---

12   El acrónimo NEAE-F incluye tanto las Necesidades Específicas de Apoyo Educativo (NEAE) como las Necesidades Específicas de Apoyo Formativo (NEAF). Este último es un término que introduce la legislación de FP. Ambos se tratan en detalle en el siguiente capítulo.

Tal y como se indica en el artículo 4.3 de la LOMLOE (Ley Orgánica 3/2020, de 29 de diciembre): «Cuando tal diversidad lo requiera, se adoptarán las medidas organizativas, metodológicas y curriculares pertinentes, según lo dispuesto en la presente ley, conforme a los principios del Diseño Universal de Aprendizaje, garantizando en todo caso los derechos de la infancia y facilitando el acceso a los apoyos que el alumnado requiera».

Por tanto, el marco legislativo insta a emplear los principios del DUA, pero no necesariamente a aplicar todo el modelo. Es aquí dónde se debe decidir si combinar DUA con *Index for Inclusion*, centrarse en uno de los dos modelos o bien emplear otro modelo inclusivo, siempre y cuando se respeten los principios del DUA, a saber:

1. Acceso (también se conoce como «representación», en este caso desde el punto de vista del docente y no del discente), es decir, presentar la información de diferentes maneras.

2. Procesamiento (también se llama «implicación»), es decir, permitir distintas formas de trabajo y motivación.

3. Expresión (también se conoce como «acción y expresión»), es decir, reflejar lo aprendido de formas distintas.

Estos tres principios se relacionan de manera holística y sin que exista correspondencia directa con las medidas de acceso o presencia, con las medidas para el aprendizaje y con las medidas para la participación y la pertenencia.

 EJEMPLO 6.3.

Parte del texto de las orientaciones metodológicas para la atención a la diversidad del módulo profesional de «Procesos en industrias de carpintería y mueble»

(incluido en el título de Técnico Superior en Diseño y Amueblamiento, Real Decreto 1579/2011, de 4 de noviembre)

Véase ejemplo 2.5. del capítulo «Contextualización».

Con el objetivo fundamental de diseñar un contexto accesible para todo el alumnado, durante las dos primeras semanas del curso se desarrollarán dinámicas para cohesionar al grupo y propiciar que todas y todos nos conozcamos mejor. Estas dinámicas persiguen dos objetivos secundarios:

1. Determinar las potencialidades de todo el alumnado, así como sus aspectos a mejorar, teniendo en cuenta esta información para adaptar las estrategias didácticas y, de esta manera, eliminar las posibles barre-

ras al aprendizaje y participación que se puedan presentar en todo el alumnado.

2. Crear sensación de pertenencia para fomentar una mayor participación del mismo y así motivar al alumnado en el proceso de enseñanza y aprendizaje, además de contribuir a una mejora de la convivencia.

En base a la información recabada en el análisis del contexto interno, se utilizarán las siguientes orientaciones DUA para atender la diversidad del grupo-clase:

- Para el **acceso a la información**. Se incorporarán al aula virtual todas las presentaciones junto con los esquemas y modelos detallados vistos en el aula. La accesibilidad física queda asegurada por las propias instalaciones del centro educativo, incluidas las instalaciones y equipamiento del aula-taller del módulo de procesos en industrias de carpintería y mueble. En cuanto a la accesibilidad sensorial, cognitiva y emocional, se analizará con detalle en el apartado de «Apoyo a la inclusión».

- Para el **procesamiento de la información**. Las presentaciones se nutrirán de numerosos ejemplos ilustrativos y diagramas que muestren la relación entre los distintos elementos. Además, en el aula virtual, se incorporarán recursos que faciliten la información relativa a los aspectos básicos que fundamentan los procesos en industrias de carpintería y mueble. Estos recursos pueden ser de gran utilidad al alumnado que ha accedido al ciclo formativo desde vías de acceso distintas al ciclo formativo de grado medio. Al inicio de cada situación de aprendizaje y de cada tarea o actividad se explicará el propósito de la misma y, si procede, se finalizará con un mapa de aprendizajes que sintetice lo aprendido y resuelva las dudas que pudiera tener cualquier alumno o alumna.

- Para la **expresión del conocimiento**. Se incluirá una actividad autoevaluada en el aula virtual que el alumnado podrá completar al ritmo oportuno. La actividad facilitará un *feedback* que explicará si la respuesta es correcta y por qué. Además, todas las actividades serán evaluadas (no necesariamente calificadas) y se acompañarán del *feedback* más oportuno en cada caso: centrado en la tarea, centrado en el proceso, centrado en la metacognición e incluso centrado en el propio alumno o alumna.

Todas las SSAA incluirán actividades de refuerzo, que harán énfasis en los niveles inferiores de la Taxonomía de Bloom (recordar, reconocer y aplicar) para reforzar los conocimientos y destrezas básicos. También se incluirán actividades de ampliación, que corresponden a los niveles superiores de este modelo (analizar, evaluar y crear) y tienen como función ampliar el grado de profundidad del aprendizaje del alumnado.

Se ofrecerá al alumnado con el módulo pendiente un plan de recuperación basado en la entrega quincenal de ejercicios de dificultad creciente que deberán facilitarse resueltos al profesor. Se devolverán corregidos y se facilitará la información necesaria para que el alumnado identifique dónde ha de mejorar y cómo puede hacerlo. Estos ejercicios solo versarán sobre los RRAA objeto de recuperación.

Reflexión

Dos son los puntos fundamentales de este apartado:

1. *¿Cómo se desarrollarán las SSAA? (Orientaciones metodológicas de base).*

   ¡Ve al grano! No se trata de repetir lo ya escrito en la norma y en los documentos de centro. Tampoco de parafrasear aspectos teóricos del proceso de enseñanza y aprendizaje. Debe ser un texto conciso que pueda ser entendido por cualquier persona, especialmente por el alumnado y por su familia.

2. *¿Cómo se afrontará la atención a la diversidad? (Orientaciones metodológicas específicas para el apoyo a la inclusión).*

   ¡Sé breve! Referencia lo indicado en los documentos de planificación educativa del centro y concrétalo para el módulo.

   ¡Contextualiza! Aquí deberás echar mano de tu análisis del contexto externo e interno (capítulo II), actividades de refuerzo y profundización, DUA, etc. ¿Qué estrategias concretas utilizarás?

Se ha de contemplar también el proceso de recuperación del módulo. Si el centro educativo no provee ningún documento específico para describir la gestión de este proceso y tampoco se planifica un apartado específico en la programación didáctica, el apartado de «Orientaciones metodológicas» debería incluir también un tercer punto que describa cómo atender esta casuística.

Recuerda lo que escribió Baltasar Gracián en su Oráculo: «Lo bueno, si breve, dos veces bueno».

Capítulo VII.

Apoyo a la inclusión

> **«Necesitamos diversidad en el mundo
> para enfrentarnos a los nuevos desafíos»**
>
> Sir Tim Berners-Lee (1955)

Hasta este capítulo se ha dado respuesta al «qué», al «cuándo» y al «cómo». Estas cuestiones están condicionadas por el contexto, los objetivos y los RRAA. Ahora bien, ateniéndose a la importancia y a la dificultad práctica para responder al alumnado que necesite atención específica o actuaciones para la compensación de desigualdades, es necesario dedicar un apartado específico a la inclusión.

El lector o lectora debe distinguir con claridad los conceptos a los que hace referencia el Título II (Equidad en la Educación), de la LOMLOE. En cuanto al alumnado con NEAE, diferencia entre alumnado que:

- Presenta Necesidades Educativas Especiales (NEE).
- Tiene altas capacidades intelectuales.
- Se ha integrado tarde al sistema educativo español.
- Presenta dificultades específicas de aprendizaje.

De la definición que introduce el texto legal se deduce que el alumnado con NEE es una tipología específica de NEAE, que, a su vez, es una categoría más general. Además, se ha de tener presente que existe alumnado que puede requerir la compensación de desigualdades en su acceso a la educación, presente o no NEE. Tal es el caso de la pertenencia a una minoría étnica, el desconocimiento del idioma vehicular, etc.

El marco legislativo de FP introduce el término «Necesidades Específicas de Apoyo Formativo» (NEAF). En este libro se interpreta esta necesidad como la situación propia del alumnado que lleva mucho tiempo desconectado del entorno académico. Es posible que este alumnado requiera apoyo en aspectos como las técnicas de estudio, la redacción básica, la ortografía, el tiempo para la entrega de las actividades, el enfoque de las actividades de carácter más práctico…

Como se ha indicado en el capítulo anterior, la inclusión educativa consiste en poner en práctica los valores inclusivos. Esto requiere identificar las necesidades específicas del alumnado, para garantizar la equidad y eliminar las barreras al aprendizaje y a la participación. Por otro lado, son necesarios la utilización de recursos para dar respuesta a la diversidad del aula y el desarrollo de un currículo con valores inclusivos. Por tanto, se han de desarrollar actividades que fomenten la superación de las barreras al aprendizaje y la participación, para dar respuesta a los distintos ritmos de aprendizaje y adaptar los RRAA, concretamente sus CCEE y, si procede, los contenidos.

Se entiende por «medidas» aquellas adaptaciones, programas o apoyos dirigidos a eliminar las barreras de acceso, aprendizaje y participación. En el capítulo «Orientaciones metodológicas» ya se adelantaron aquellas que se dirigen a toda la comunidad educativa (lo que se denomina «nivel de respuesta I») así como las que se aplican al grupo-clase (lo que se denomina «nivel de respuesta II»).

En este capítulo se trata la aplicación de medidas específicas. En particular, se abordan las medidas dirigidas al alumnado que requiere una respuesta diferenciada, individualmente o en grupo, y que implican apoyos ordinarios adicionales, por ejemplo: el refuerzo pedagógico, enriquecimiento curricular, programa de español para extranjeros, etc. Se determinan en los documentos de centro y se denominan «nivel de respuesta III».

También se han de tratar las medidas dirigidas al alumnado con NEE que requiere una respuesta individualizada que implique apoyos especializados. Estos apoyos especializados pueden diferir entre las distintas administraciones educativas. Ahora bien, es necesario, en primer lugar, identificar las barreras y en segundo lugar, aportar las medidas y apoyos necesarios en base a lo que disponga cada comunidad autónoma.

Los ciclos formativos de grado básico son enseñanzas de FP, pero también se incluyen dentro de la enseñanza básica. Por su parte, los ciclos formativos de grado medio y de grado superior son enseñanzas postobligatorias. En este sentido, pueden autorizarse apoyos especializados en unos ciclos formativos y en otros no, incluso en unos módulos profesionales y en otros no. Debe atenderse en todo momento a lo que disponga la legislación específica en materia de inclusión educativa. A título de ejemplo, un apoyo especializado en un ciclo básico podría ser la atención especializada de un maestro o maestra en pedagogía terapéutica e incluso una Adaptación Curricular Individual Significativa (ACIS) de un ámbito. Esto se denomina «nivel de respuesta IV».

La sección tercera del capítulo IV del Título I del R.D. 659/2023 se centra en la modalidad dirigida a personas con necesidades educativas o formativas especiales. Independientemente que la programación didáctica sea para esta modalidad formativa o para cualquier otra, resulta oportuno tener en cuenta las orientaciones metodológicas que se establecen al respecto. A saber:

- La metodología tendrá carácter globalizador e integrará las competencias y los RRAA.
- Responderá a metodologías activas basadas en proyectos.
- Se respetarán los diferentes ritmos de aprendizaje, el enfoque práctico y el fomento de las competencias transversales y para la empleabilidad.

En este apartado de la programación se propone incluir dos subapartados:

1. «Atención a la diversidad e inclusión educativa». La descripción general de la estrategia que se seguirá para atender al alumnado con NEAE-F.

2. «Respuesta diferenciada y planes personalizados». La respuesta educativa diferenciada para el alumnado con NEAE-F identificado en el análisis interno (capítulo «Contextualización»).

7.1. Atención a la diversidad e inclusión educativa

En este apartado, es interesante comenzar con una breve introducción en la que se presente la diversidad como un elemento positivo y enriquecedor[13]. Debería identificarse también la legislación autonómica pertinente como referente normativo para la atención a la diversidad e inclusión educativa. No es recomendable que esta introducción sea muy extensa ni que reproduzca la información que ya está presente en la legislación.

Las medidas de respuesta que se dirigen a toda la comunidad educativa y las que tienen como destinatario a todo el grupo-clase ya se han tratado en el apartado de «Orientaciones metodológicas». Es ahora el momento de centrarse en las medidas destinadas al alumnado que requiere una respuesta diferenciada (niveles de respuesta III y IV). Para ello se ha de indicar cuál es el procedimiento para la aplicación de tales medidas.

 EJEMPLO 7.1.

Introducción y descripción del apartado
«Atención a la diversidad e inclusión educativa».

Una vez llevadas a cabo todas las medidas de nivel I y II para la eliminación de las barreras al aprendizaje y participación se evaluará su impacto y se valorará la implementación de medidas de nivel III y IV para todo aquel alumnado que lo requiera, cuando se hayan agotado todas aquellas medidas propuestas en los niveles anteriores.

Una vez detectada la necesidad de implementación de medidas de nivel III y IV, se considerará la evaluación sociopsicopedagógica para concretar la

---

13   El Index for Inclusion define la diversidad como «las diferencias visibles y no visibles y las similitudes entre las personas: la diversidad trata de la diferencia dentro de una humanidad común. La diversidad abarca a todos, no solo a los que se observan a partir de una normalidad ilusoria».

necesidad de apoyos adicionales especializados y se iniciará el procedimiento previsto en la legislación autonómica.

La atención al alumnado que requiera medidas de respuesta diferenciadas con recursos no especializados (nivel III) tendrá un estudio individualizado, supervisado y asesorado por el personal de centro especialista en orientación educativa. Por otro lado, el alumnado que requiera una atención especializada (nivel IV) contará con un plan personalizado que se deduzca de los resultados de la evaluación sociopsicopedagógica. Este plan será revisado trimestralmente y representará la guía principal de su atención educativa.

Reflexión

Si las orientaciones generales para la atención a la diversidad son las mismas para todos los módulos del centro educativo, recomendamos que se incluyan en la concreción curricular de centro (documento general de centro) y que desde cada una de las programaciones didácticas se haga referencia a ella. Por el contrario, si las orientaciones de carácter general dependen de cada módulo, consideramos procedente incluirlas de manera diferenciada en la programación didáctica.

Por otro lado, dadas las características específicas de determinados módulos, es posible que en algunos casos se puedan establecer consideraciones específicas, por ejemplo, debido a su carácter eminentemente práctico y/o a los recursos que se requieren emplear para conseguir los RRAA.

7.2. Respuesta diferenciada y planes personalizados

En el supuesto de tener la certeza de la presencia en la clase de alumnado que requiera niveles de respuesta III o IV, habría que dedicar un apartado específico en la programación didáctica para cada uno de ellos. Obviamente, se han de evitar los datos de carácter personal pero sí es recomendable hacer referencia a la tipología de la excepcionalidad con la que se trabaja, es decir, se han de identificar las circunstancias concretas que justifican la aplicación de este tipo de medida.

Se trata de un apartado en el que se indique y se describa la medida o medidas de carácter singular o extraordinaria que se aplicará en cada caso. De este modo, las indicaciones generales, sin datos de carácter personal, se incorporan a la programación didáctica, pero la concreción y el desarrollo documental que estas medidas necesiten se especificarán en la programación de aula y, en su caso, en el plan personalizado del alumnado que lo requiera.

Como se ha indicado en la introducción de este capítulo, este apartado también debe incluir las acciones y estrategias didácticas para compensar las posibles desigualdades del alumnado que lo requiera, presente o no NEE. Tal es el caso de la pertenencia a una minoría étnica, el desconocimiento del idioma vehicular, etc.

Tal y como se indicó en el capítulo anterior, una posible guía de redacción para indicar las medidas de respuesta de nivel III y IV es la de especificar las acciones para cada una de las tres dimensiones que se definen en la legislación y basadas en el *Index for inclusion*[14].

- Medidas de acceso o presencia.
- Medidas para el aprendizaje.
- Medidas de participación y pertenencia.

Cuando se aplican medidas de nivel IV es prescriptiva la elaboración de un plan personalizado para el alumnado afectado. Se trata de un documento descriptivo para el alumnado con NEE al que se apliquen determinadas medidas de inclusión. En él se describen, entre otros:

- Las barreras que se han identificado.
- Las necesidades educativas que presenta.
- Las medidas que se han aplicado y se aplicarán en lo sucesivo.
- Los recursos que se emplearán en su aplicación.
- Cómo se seguirá y evaluará la aplicación del plan.

Por tanto, este documento no solo recoge las medidas de respuesta adoptadas, sino también su programación didáctica personalizada. De este modo, se incluyen los CCEE que van a permitir que el alumnado adquiera las competencias necesarias y alcance los resultados esperados al finalizar la oferta de FP. Al producirse una selección de los CCEE, la atención se centra en los aspectos en los cuales presenta dificultades y cómo se ha de intervenir para superarlas.

---

14 Booth, T., Ainscow, M. y Kingston, D. (2006) *Index for inclusion*, Centre for Studies on Inclusive Education.

Esta parte de la documentación ha de ser redactada de forma conjunta por el equipo docente y por el departamento de orientación y/o equipo de inclusión, para trazar unas estrategias didácticas comunes. Además, estas medidas se han de contemplar en la concreción curricular de los módulos afectados, dentro de la programación didáctica del aula.

 **EJEMPLO 7.2.**

Respuesta diferenciada y planes personalizados

Tal y como se ha indicado en apartado «Contextualización» (véase ejemplo 2.5. del capítulo II), el grupo-clase incluye un estudiante con dificultades de aprendizaje asociadas al lenguaje y cinco estudiantes que compatibilizan el estudio con el trabajo (dos de ellos son padres de familia).

1. En relación con el alumno con dificultades de aprendizaje asociadas al lenguaje, se atenderá en todo momento al Plan de Actuación Personalizado (PAP) y se tendrán en cuenta las siguientes premisas básicas:
   a. Se recomendará que se siente cerca del profesor.
   b. Se comprobará siempre que ha comprendido el material escrito y, si procede, se explicará verbalmente.
   c. Se dará prioridad a la utilización de los instrumentos de evaluación orales.
   d. Se evitarán textos largos y en caso de utilizarlos se reforzarán con la transcripción en formato sonoro.
   e. Se flexibilizará la ortografía y la gramática de los textos que redacte.
   f. Se le favorecerá la utilización de recursos tecnológicos y aplicaciones que minimicen su barrera.
   g. Se mostrará comprensión y paciencia en cuanto al procesamiento y exposición de la información.
   h. Se escribirán en la pizarra los puntos y las palabras clave antes de cualquier explicación.
   i. ...
2. En cuanto a los estudiantes que compatibilizan el estudio con el trabajo:
   a. Se flexibilizará la fecha de entrega de las tareas.
   b. Se planificarán tareas y actividades que puedan suplir las prácticas presenciales no estrictamente esenciales.
   c. Se propondrá una planificación horaria y se informará claramente de las tareas estrictamente necesarias.
   d. ...

Reflexión

Por tanto, nuestra propuesta para este apartado de la programación didáctica es la de incluir dos subapartados:

1. La descripción general de la estrategia que se seguirá para atender al alumnado con NEAE-F. Se trata de dar un paso más del que se dio en el apartado de «Orientaciones metodológicas». Allí se describió la atención a la diversidad en el contexto de los niveles de respuesta I y II. En este apartado proponemos centrarnos en la estrategia general para la atención a la diversidad en el contexto de los niveles de respuesta III y IV. Si las orientaciones generales son las mismas para todos los módulos o ámbitos, debería valorarse la posibilidad de incluir este subapartado en la concreción curricular de centro, de forma que se haga una referencia a esta desde la programación didáctica.

2. La respuesta educativa diferenciada para el alumnado con NEAE-F identificado en el análisis interno (capítulo «Contextualización»). Por ejemplo: ¿Qué premisas básicas debemos seguir para la alumna con dislexia? ¿Y para el alumno con altas capacidades intelectuales? Este segundo apartado, si procede, debería referenciar el Plan de Actuación Personalizado, documento externo a la programación didáctica, pero a la vez, estrechamente relacionado con ella.

Debemos centrarnos en las orientaciones básicas de atención a la diversidad determinadas por cada comunidad autónoma y concretadas por cada centro educativo.

Por otro lado, la programación didáctica solo debería hacer referencia a los planes personalizados relacionados con la tipología de alumnado que tendremos en nuestra clase. Por ejemplo, si contamos con una alumna con algún tipo de dificultad auditiva, se deberían incluir estrategias básicas relacionadas con la atención educativa a esta dificultad en concreto. No sería necesario hacer referencia a las barreras al aprendizaje y la participación que no presentan el alumnado de nuestro grupo-clase.

En este apartado incluiríamos las medidas que se aplicarán de manera generalizada en todas las SSAA. En cambio, si existe alguna medida específica o alguna genérica requiere de mayor concreción, esta se concretaría en la correspondiente tabla de SA.

Los principios y fines actuales del sistema educativo apuestan por la inclusión y la equidad. Estos elementos, propios de los derechos humanos, deben estar presentes en todas las enseñanzas y por tanto, también en las de FP. Cada vez será más usual que el grupo-clase sea más diverso y cuente con alumnado con NEAE-F. En este sentido, el apartado «Apoyo a la inclusión» no solo es más importante que nunca, sino que será cada vez más relevante.

Capítulo VIII.

Evaluación del y para el aprendizaje

> «Cuanto mayor es el desafío, mayor es la probabilidad
> de que una persona busque y necesite retroalimentación,
> pero más importante es que haya un profesor que la facilite
> y que se asegure de que el alumno esté en el camino correcto
> para enfrentarse con éxito a sus desafíos»
>
> Dr. John Hattie (1950), *Aprendizaje visible*

Evaluar es emitir un juicio que se basa en la comparación de aquello que se observa con algún criterio que se considera válido y adecuado. Dicho juicio puede consistir en una respuesta que contenga indicaciones de mejora (evaluación formativa) y no necesariamente una calificación. Por este motivo, no se ha de confundir evaluar con calificar, ya que esto último implica asociar el desempeño del alumnado con una nota, es decir, una calificación.

En educación se le debe otorgar mayor importancia a la evaluación como herramienta para lograr el aprendizaje sin descuidar la evaluación de lo que se aprende. En este sentido, la programación didáctica, como documento de planificación del proceso de enseñanza y aprendizaje, también debe dar prioridad al enfoque formativo sobre el sumativo.

En este apartado de la programación, se propone incluir los siguientes subapartados:

1. Principios de evaluación.

2. Referentes de evaluación.
3. Calificación.
4. Técnicas e instrumentos de evaluación.
5. Evaluación específica para el alumnado con NEAE-F.
6. Grado de consecución de competencias y objetivos.

Antes de describir cada uno de los subapartados anteriores, es necesario conocer los aspectos básicos que establece la legislación en cuanto a la evaluación y calificación. A saber:

- De acuerdo con el artículo 43 de la **LOMLOE**, la evaluación del aprendizaje del alumnado en FP:

    1. Se realizará por módulos profesionales, teniendo en cuenta la globalidad del ciclo desde la perspectiva de las nuevas metodologías de aprendizaje. En el caso de los ciclos formativos de grado básico la evaluación se realizará por ámbitos.

    2. La superación de un ciclo formativo requerirá la evaluación positiva en todos los módulos profesionales o en los ámbitos que lo componen y, en el caso de las organizaciones curriculares diferentes a los módulos profesionales, de todos los resultados de aprendizaje, y las competencias profesionales, personales y sociales que en ellos se incluyen.

- La **Ley 3/2022** de ordenación e integración de la FP, establece, en su artículo 26, los aspectos básicos de la evaluación:

    1. Se debe verificar la adquisición de los RRAA.

    2. Se han de respetar las necesidades de adaptación metodológica y de recursos del alumnado con NEAE-F.

    3. La evaluación se adaptará a las metodologías y debe basarse en la comprobación de los RRAA.

    4. En las ofertas dirigidas a la población activa, se atenderá a las características de estas personas y al carácter práctico de la formación.

- Por su parte, el **R.D. 659/2023** de ordenación de la FP, establece:

    - En su artículo 16, el derecho a que el esfuerzo, el rendimiento y la adquisición de los aprendizajes sean valorados y reconocidos con objetividad, atendiendo en todo caso al carácter objetivo y diferenciado según los módulos o sus RRAA, así como, en su caso, a las necesarias adaptaciones en los procesos de aprendizaje y evaluación.

- En su artículo 18, enumera los aspectos comunes sobre evaluación y calificación, de los cuales, en el caso de la programación didáctica, cabe destacar los siguientes:
  - La evaluación debe verificar la adquisición de los RRAA, de acuerdo con los CCEE, teniendo siempre en cuenta, como referente máximo, la globalidad de las competencias asociadas a la oferta formativa.
  - La evaluación debe respetar las necesidades de adaptación metodológica, de ampliación de tiempos y de recursos de las personas con NEAE-F. Estas adaptaciones, en ningún caso deben minorar las calificaciones.
  - Los métodos e instrumentos deben adaptarse a la metodología y a los RRAA, de forma que se garantice la objetividad, fiabilidad y validez de la evaluación.
  - En cualquier oferta formativa la responsabilidad de la evaluación recae siempre en el profesorado.
  - La calificación de los módulos estará en función del grado de consecución de los RRAA.
  - La superación de cualquier oferta formativa requiere la evaluación positiva de todos los módulos que la componen.
  - En la modalidad virtual, se requieren pruebas presenciales.
- En el artículo 93, se regula la evaluación en los ciclos formativos de grado básico:
  - La evaluación será continua, formativa e integradora. Se deberá realizar por ámbitos, módulos y proyecto, teniendo en cuenta la globalidad del ciclo.
  - Se adaptará a las NEAE-F de cada persona, en consonancia con el DUA.
  - La superación del ciclo formativo requiere la evaluación positiva colegiada respecto a la adquisición de las competencias básicas, profesionales y para la empleabilidad.
- El artículo 107, por su parte, regula la evaluación en los ciclos formativos de grado medio y superior:
  - La evaluación será continua, se adaptará a las metodologías de aprendizaje y se basará en la comprobación de los RRAA.

- Deben promoverse el uso de instrumentos variados, flexibles y adaptados a las diferentes SSAA, de forma que se permita una evaluación objetiva.

- La evaluación debe respetar el carácter práctico de la formación, así como las necesidades de adaptación metodológica y recursos del alumnado con NEAE-F.

- El profesorado tomará como referencia los RRAA y sus CCEE, siendo las decisiones de evaluación final colegiadas en función del grado de adquisición de las competencias del ciclo.

- El artículo 123, regula la evaluación de los cursos de especialización y, a efectos prácticos, es posible resaltar los mismos aspectos que en los ciclos formativos de grado medio y superior.

Además de todo este marco legislativo de ámbito nacional, debe tenerse en cuenta la concreción autonómica y, en su caso, las particularidades que pueda establecer cada centro educativo.

8.1. **Principios de evaluación**

En este subapartado de la programación didáctica se deben fijar los principios básicos, concretando lo que indica la legislación y las orientaciones básicas a nivel de centro educativo.

Se trata de concretar la legislación y en ningún caso repetir lo que ya aparece en la norma. La programación didáctica debe concretar, contextualizar y hacer operativas, junto a la programación de aula, las líneas generales que marca la legislación.

Además, se han de contemplar las características del centro educativo. Si ningún hombre es una isla[15], tampoco lo es el profesorado. Se ha de trabajar en red, de forma colaborativa con el resto del equipo educativo, y, además, siguiendo una línea pedagógica clara. Esta línea es la propuesta pedagógica del centro y debe definirse en su concreción curricular. Puesto que la concreción curricular ha de hacer alguna referencia a la evaluación y a la calificación, es pertinente incluirla, contextualizarla y concretarla en la programación didáctica.

---

15   «Ningún hombre es una isla por sí mismo. Cada hombre es una pieza de un continente, una parte del todo», John Donne (1572-1631).

EJEMPLO 8.I.
Posible redacción del subapartado «Principios de evaluación».

Supongamos que se debe redactar este subapartado de la programación didáctica en el contexto de una comunidad autónoma y un centro educativo en el que se indica que para un ciclo formativo de grado básico determinado, la evaluación será: continua, formativa, integradora, colaborativa y participativa.

Tal y como se ha anotado más arriba, la programación didáctica no debe reproducir lo que ya se escribe en la norma. Es decir, no deberíamos limitarnos a escribir: «La evaluación será continua, formativa, integradora, colaborativa, y participativa». Puesto que esto ya se incluye en la legislación y en la propia concreción curricular del centro, lo verdaderamente importante es especificar cómo se va a materializar y hacer operativa. Es decir, cómo se logrará lo que prescribe la legislación y la concreción curricular del centro.

Se podría redactar como sigue:

«La evaluación será:
- Continua y formativa, porque el alumnado recibirá feedback en todas las actividades y tareas de aprendizaje. Este feedback se centrará, según proceda en cada caso, en la tarea, el proceso, la metacognición o incluso en el propio alumno o alumna. La información que se facilite a través del feedback estará siempre encaminada hacia la mejora.
- Integradora, colaborativa y participativa, porque se utilizarán diversas técnicas e instrumentos de evaluación que permitirán reflexionar a través de la autoevaluación y la coevaluación, siempre que sea posible».

8.2. Referentes de evaluación

Tradicionalmente, para evaluar al alumnado se toman como referencia los instrumentos de evaluación (exámenes, trabajos, libretas…) y se asigna un peso específico a cada uno de ellos para obtener una calificación. También es habitual establecer una división tripartita que tiene en cuenta los contenidos, los procedimientos y las actitudes, de forma que cada uno de los instrumentos de evaluación se asigna a una de las categorías anteriores. Por ejemplo, un examen habitualmente corresponde a la parte de contenidos conceptuales.

Esta división se inició en la Ley Orgánica General del Sistema Educativo (LOGSE) de 1990 y debería haber desaparecido en la LOE de 2006, que introdujo en su lugar las competencias básicas (ahora competencias clave). Por tanto, no tiene sentido utilizar esta clasificación obsoleta en una programación didáctica que se basa en un enfoque competencial.

En este contexto, centrar la programación en los instrumentos de evaluación no es la mejor manera de dar respuesta a este enfoque. Debe dejarse atrás la división en conceptos, procedimientos y actitudes. Es necesario también dejar de referenciar los exámenes, la libreta y la asistencia, para dar paso a un nuevo modelo de evaluación y calificación.

No es un cambio menor y en muchos casos puede crear una importante disonancia cognitiva. Tanto es así, que se podría afirmar que es necesario asumir un cambio de paradigma, pues no solo se trata de una nueva nomenclatura para conceptos ya conocidos, sino de un nuevo modelo de evaluación.

En este nuevo modelo no han de desaparecer los instrumentos de evaluación, pero han de considerarse como tales: instrumentos, es decir, herramientas, y no fines en sí mismos. En una programación por competencias, los referentes para la evaluación no son los instrumentos, sino, de acuerdo con la legislación vigente y tal y como se ha mostrado al inicio de este capítulo, los referentes son los RRAA y sus CCEE. En todo caso, como referente último se deberían tomar las competencias profesionales y para la empleabilidad. Por supuesto, atendiendo a los principios y fines del sistema educativo (artículos 1 y 2 de la LOMLOE), también debe tenerse en cuenta el propio desarrollo personal del alumnado (cognitivo, emocional, afectivo…).

Recordando el artículo 18 del R.D. 659/2023, la evaluación debe verificar la adquisición de los RRAA, de acuerdo con los CCEE, teniendo siempre en cuenta, como referente máximo, la globalidad de las competencias asociadas a la oferta formativa.

Es decir, se debe entender que el alumno o alumna que demuestra la adquisición de todos los RRAA a través de sus CCEE ha adquirido también las competencias profesionales y para la empleabilidad correspondientes.

En este libro se llamará «**Ciclo CORC**» a la relación entre competencias, objetivos, RRAA y CCEE. Este «Ciclo CORC» viene a demostrar que la adquisición de todos los CCEE asociados a un RA asegura la adquisición de este resultado de aprendizaje. Por su parte, la adquisición del conjunto de RRAA de todos los módulos asegura la adquisición de los objetivos. La adquisición de estos, a su vez, permite afirmar que el alumnado está en disposición de desarrollar satisfactoriamente las competencias profesionales y para la empleabilidad en el correspondiente entorno profesional.

Los dos siguientes ejemplos muestran el «Ciclo CORC» de sendos ciclos formativos distintos, de forma que puede comprobarse, de manera práctica, la afirmación del párrafo anterior. Se trata de una concreción curricular a través de la cual puede comprobarse cómo las competencias generales del ciclo se concretan hasta los CCEE, pasando en primer lugar por los objetivos y posteriormente por los RRAA.

En caso de duda o dificultad para diferenciar los términos «competencias», «objetivos», «RRAA» y «CCEE», se recomienda la revisión del tercer capítulo de este libro y también del anexo D.

EJEMPLO 8.2.

Ciclo CORC del título de Técnico en Actividades Comerciales

(Real Decreto 1688/2011, de 18 de noviembre)

4. CRITERIOS DE EVALUACIÓN
RA7
a) Se han identificado las funciones de la contabilidad y los libros obligatorios y voluntarios que debe llevar la empresa.
b) Se han diferenciado las distintas partidas del balance (activo, pasivo y patrimonio neto), analizando sus características y relación funcional.

1. COMPETENCIAS
(Técnico en Actividades Comerciales - A.5)
b) Administrar y gestionar un pequeño establecimiento comercial, realizando las actividades necesarias con eficacia y rentabilidad, y respetando la normativa vigente.

Ciclo CORC

3. RESULTADOS DE APRENDIZAJE
(MP - Gestión de un pequeño comercio)
7. Gestiona el proceso administrativo, contable y fiscal de la empresa, aplicando la legislación mercantil y fiscal vigente y los principios y normas del Plan General Contable para las pymes.
...

2. OBJETIVOS
(Técnico en Actividades Comerciales - A.9)
c) Analizar operaciones de compraventa y de cobro y pago, utilizando medios convencionales o electrónicos para administrar y gestionar un pequeño establecimiento comercial.

EJEMPLO 8.3.

Ciclo CORC del título de
Técnico Superior en Dirección de Cocina

(Real Decreto 687/2010, de 20 de mayo)

4. CRITERIOS DE EVALUACIÓN

RA1

a) Se han descrito y clasificado las materias primas en restauración.

...

RA2

a) Se han descrito y caracterizado las operaciones necesarias para recepcionar materias primas en cocina.

...

3. RESULTADOS DE APRENDIZAJE

(MP - Control del aprovisionamiento de materias primas)

1. Selecciona materias primas identificando sus cualidades organolépticas y sus aplicaciones.
2. Recepciona materias primas verificando el cumplimiento de los protocolos de calidad y seguridad alimentaria.
3. Almacena materias primas y otros suministros en restauración identificando las necesidades de conservación y ubicación.

...

1. COMPETENCIAS

(Técnico Superior en Dirección de Cocina - A.5)

e) Realizar el aprovisionamiento, almacenaje y distribución de materias primas, en condiciones idóneas, controlando la calidad y la Ciclo documentación relacionada.

2. OBJETIVOS

(Técnico Superior en Dirección de Cocina - A.5)

f) Reconocer materias primas, caracterizando sus propiedades y condiciones idóneas de conservación, para recepcionarlas, almacenarlas y distribuirlas.

Ciclo CORC

Por tanto, se puede afirmar que dar respuesta a los CCEE permite asegurar la adquisición de los RRAA. A su vez, los RRAA dan respuesta a los objetivos y estos a las competencias.

El enfoque actual del sistema de FP establece una modularización clara en base a los RRAA. Ahora bien, para tener una visión holística del ciclo formativo u oferta de FP correspondiente, es necesario atender a la globalidad de sus competencias profesionales y para la empleabilidad que, a su vez, se concretan en el centro educativo a través de los objetivos generales.

En conclusión, en el subapartado «Referentes de evaluación» se debe evidenciar:

1. Que los referentes para la evaluación son los RRAA, que a su vez se concretan a través de sus CCEE.
2. Que las competencias y objetivos del ciclo formativo aportan una visión holística del mismo y son, en última instancia, los referentes máximos.

De acuerdo con el «Ciclo CORC», y tal y como ya se ha indicado en párrafos anteriores, la adquisición del conjunto de RRAA de todos los módulos asegura la adquisición de los objetivos. La adquisición de estos, a su vez, permite afirmar que el alumnado está en disposición de desarrollar satisfactoriamente las competencias profesionales y para la empleabilidad en el correspondiente entorno profesional.

Reflexión

Estamos convencidos de que en ningún caso debemos descuidar el desarrollo integral del alumnado, tomando como punto de partida el propio alumno o alumna (evaluación idiosincrática). Es decir, no solo deberíamos utilizar los CCEE de los RRAA (evaluación criterial). Deberíamos registrar también la evolución del alumnado comparándolo consigo mismo, es decir, tomando como referencia (punto de comparación) el propio alumnado en un momento determinado.

Esta evaluación idiosincrática queda fuera del alcance de este libro, pero invitamos al lector o lectora a reflexionar y a explorar en ella, pues contribuir al desarrollo integral del alumnado tendrá un efecto positivo sobre el grado de consecución de los RRAA.

Por ejemplo, si desarrollamos la cognición y metacognición, la comunicación, la afectividad y/o la autonomía del alumnado, lograremos un impacto positivo sobre el grado de adquisición de los elementos puramente curriculares.

Una propuesta interesante es la del modelo educativo «Proyecto Roma». (http://proyectoroma.com/).

 EJEMPLO 8.4.

Redacción del subapartado «Referentes de evaluación» del módulo profesional de «Posicionamiento orgánico en buscadores (SEO)»

(incluido en el curso de especialización de Grado Superior en Posicionamiento en buscadores (SEO/SEM) y comunicación en redes sociales, Real Decreto 143/2024, de 6 de febrero)

Los RRAA concretados a través de sus correspondientes CCEE son los referentes operativos para la evaluación del módulo de «Posicionamiento orgánico en buscadores (SEO)».

El anexo I del R.D. 143/2024 desarrolla este módulo profesional en base a 7 RRAA. A saber:

1. Elabora una estrategia de posicionamiento de pago en buscadores, en coordinación con las áreas organizativas implicadas, incorporando herramientas específicas de analítica digital para el SEM. Este RA se desarrolla en base a 5 criterios de evaluación.

2. Analiza el posicionamiento de pago en buscadores de los contenidos digitales de la organización, utilizando herramientas específicas de analítica digital para el SEM. Este RA se desarrolla en base a 5 criterios de evaluación.

3. Analiza y selecciona palabras clave y/o términos de búsqueda que generan tráfico de pago al sitio web corporativo, utilizando herramientas específicas de analítica digital para el SEM. Este RA se desarrolla en base a 5 criterios de evaluación.

4. Administra y gestiona campañas de posicionamiento de pago en buscadores para captar tráfico de pago proveniente de motores de búsqueda, proyectando la imagen de marca deseada y logrando resultados alineados con la estrategia digital. Este RA se desarrolla en base a 7 criterios de evaluación.

5. …

En cada una de las tablas específicas de SSAA, concretamente a través de las distintas tareas o actividades, se detallan los criterios de calificación y los instrumentos de evaluación de acuerdo a los siguientes dos subapartados de la programación didáctica. La evaluación positiva de todos los RRAA implica la superación de este módulo, es decir, es necesario que el alumnado demuestre la superación de los siete RRAA para poder adquirir el módulo.

En el supuesto de no superar alguno de los RRAA, se propondrá un sistema de recuperación específico para el RA o RRAA no superados. En última instancia, se seguirá lo indicado en el apartado «Grado de consecución de competencias y objetivos» de esta programación didáctica.

Reflexión

El marco legislativo establece de manera clara que la superación de un ciclo formativo requiere la evaluación positiva en todos los módulos o ámbitos que lo componen.

Ahora bien, para tener una evaluación positiva de un módulo, NO queda tan clara la necesidad de tener una evaluación positiva de todos sus RRAA. Este es un tema usual de debate entre el profesorado de FP.

Obviamente, la evaluación positiva de todos los RRAA implica la evaluación positiva del módulo. Ahora bien, ¿qué ocurre si un alumno o alumna no ha demostrado la adquisición mínima de un resultado de aprendizaje de un total, por ejemplo, de ocho?

Nosotros proponemos definir muy bien esta casuística. Pensamos que no es posible generalizar y que existen determinados módulos en los que será necesario tener una evaluación positiva de todos los RRAA. Pero también habrá otros casos en los que no será necesario superar todos y cada uno. Consideramos que debe ser una decisión colegiada por todo el departamento didáctico y/o equipo docente y que debe plasmarse en la programación didáctica y explicarse convenientemente al alumnado.

Se debe tener en cuenta que el marco normativo también indica que el referente máximo de evaluación es la globalidad de las competencias asociadas a la oferta formativa. Por tanto, atendiendo a esta globalidad, sería posible una evaluación positiva de un módulo sin la necesidad de contar con la evaluación positiva de todos sus RRAA.

En el supuesto de establecer el requisito de superar todos los RRAA para la evaluación positiva del módulo, se debe tener en cuenta la globalidad de las competencias. Este es el caso que se ha propuesto en el ejemplo anterior y que se desarrollará convenientemente en el subapartado «Grado de consecución de competencias y objetivos».

8.3. Calificación

La programación didáctica es una herramienta de trabajo docente, pero también un documento que se utiliza para informar y para guiar un procedimiento administrativo. Por lo tanto, es muy importante especificar de forma clara los porcentajes que permitirán obtener la calificación final del alumnado, y de esta forma justificar la nota del boletín de calificaciones y dar una respuesta clara, directa y coherente a potenciales reclamaciones.

Obviamente estos porcentajes deben alinearse con las técnicas e instrumentos de evaluación. Puesto que los RRAA y sus CCEE son los referentes para la evaluación, los porcentajes de calificación deberían asociarse a estos ítems y no a los tradicionales conceptos, procedimientos y actitudes. Así pues, la calificación se obtendrá de un conjunto de RRAA y CCEE que contribuirán a la nota de forma proporcional, según el porcentaje que se le haya asignado a cada uno de ellos.

Reflexión

Proponemos explicar de forma nítida cómo se calificará, ya que la calificación es una parte de la evaluación. No es ni mucho menos la parte más importante, al menos en una evaluación formativa, pero en la programación didáctica es imprescindible dejar claras las normas del juego. En definitiva, ¿cómo se obtiene la nota que aparece en el boletín?

Para ello, se han de indicar de forma clara cuáles son los porcentajes que justifican la calificación final del alumnado y cómo se obtienen. ¿Queda claro esto en la programación didáctica?

Es importante centrar la calificación en los referentes de evaluación (RRAA y CCEE) y no en los instrumentos. Por tanto, ¿se están aplicando los por centajes a los RRAA y CCEE o a los instrumentos?

 EJEMPLO 8.5.

Redacción del subapartado «Calificación» del módulo profesional de «Sistemas electrónicos y fotónicos»

(incluido en el título de Técnico Superior en Electromedicina Clínica, Real Decreto 838/2015, de 21 de septiembre)

La calificación del módulo de «Sistemas electrónicos y fotónicos» tomará como referentes los RRAA y sus CCEE. Esta calificación se basará en los porcentajes de relevancia siguientes:

Relevancia	Resultado de aprendizaje
10%	1. Aplica técnicas de medida y visualización de señales eléctricas y ópticas, describiendo los equipos y analizando los procedimientos utilizados.
15%	2. Determina las características y aplicaciones de circuitos analógicos tipo, identificando sus bloques funcionales y analizando la interrelación de sus componentes.
15%	3. Determina las características y aplicaciones de circuitos digitales, identificando componentes y bloques y verificando su funcionamiento.
20%	4. Determina la estructura de circuitos de instrumentación, identificando su aplicación y analizando la interrelación de sus componentes.
20%	5. Caracteriza componentes y circuitos fotónicos, analizando su funcionamiento e identificando sus aplicaciones.
20%	6. Verifica el funcionamiento de circuitos electrónicos y ópticos, interpretando esquemas y aplicando técnicas de medida/visualización de señales.

Observaciones:

- El porcentaje asignado a cada RA se dividirá entre sus CCEE de forma que, siempre que sea posible y en función del instrumento de evaluación que se utilice en cada caso, se determinen de manera consensuada con el alumnado.
- Se atenderá, siempre que sea posible, a cuatro niveles de logro para cada criterio de evaluación, de forma que se informará al alumnado de manera previa a la realización de la tarea o proyecto objeto de calificación. La redacción de los niveles de logro combinará aspectos técnicos (conceptuales y procedimentales) y también actitudinales y en la medida de las posibilidades se relacionarán con las competencias profesionales y para la empleabilidad y con los objetivos generales del ciclo formativo.
- El módulo tendrá una valoración positiva cuando la calificación ponderada de todos sus RRAA sea superior a 5 puntos. Ahora bien, tal y como

se ha indicado en el apartado «Referentes de evaluación», es necesario tener una valoración positiva en los RRAA 5 y 6 para poder superar el módulo. Es decir, la calificación ponderada solo podrá ser superior a 5 puntos en el supuesto de que en los RRAA 5 y 6 sea superior a 5 puntos. En caso contrario, la calificación del módulo será como máximo de 4 puntos.

• En el supuesto de no contar con una valoración positiva en alguno de los RRAA, se propondrá un sistema de recuperación específico y, en última instancia, se seguirá lo indicado en el apartado «Grado de consecución de competencias y objetivos» de esta programación didáctica.

• Los porcentajes de la tabla anterior se traducirán en el boletín a una calificación numérica entre 1 y 10 puntos de manera proporcional a la relevancia asignada.

 **EJEMPLO 8.6.**

Redacción del subapartado «Calificación» del módulo profesional de «Itinerario personal para la empleabilidad I», común a todos los ciclos medios y superiores LOMLOE

(Real Decreto 659/2023, de 18 de julio)

La calificación del módulo de «Itinerario personal para la empleabilidad I» tomará como referentes los RRAA y sus CCEE. Esta calificación se basará en los porcentajes de relevancia siguientes:

Relevancia	Resultado de aprendizaje
10%	1. Distingue las características del sector productivo y define los puestos de trabajo relacionándolos con las competencias profesionales expresadas en el título.
20%	2. Alcanza las competencias necesarias para la obtención del título de Técnico Básico en Prevención de Riesgos Laborales.
25%	3. Analiza sus condiciones laborales como persona trabajadora por cuenta ajena identificándolas en los principales tipos de cambios y vicisitudes relevantes que se pueden presentar en la relación laboral en la normativa laboral y especialmente en el convenio colectivo del sector.
25%	4. Analiza y evalúa su potencial profesional y sus intereses para guiarse en el proceso de autoorientación y elabora una hoja de ruta para la inserción profesional en base al análisis de las competencias, intereses y destrezas personales.

Relevancia	Resultado de aprendizaje
20%	5. Aplica las estrategias para el aprendizaje autónomo reconociendo su valor profesionalizador, diseñando y optimizando su propio entorno de aprendizaje haciendo uso de las tecnologías digitales como herramientas de aprendizaje autónomo, siendo coherente con su identidad digital y sus propios objetivos profesionales planteados en su plan de desarrollo individual.

Observaciones:

- El porcentaje asignado a cada RA se dividirá entre sus CCEE de forma que, siempre que sea posible y en función del instrumento de evaluación que se utilice en cada caso, se determinen de manera consensuada con el alumnado.

- Se atenderá, siempre que sea posible, a seis niveles de logro para cada CE, de forma que se informará al alumnado de manera previa a la realización de la tarea o proyecto objeto de calificación. La redacción de los niveles de logro combinará aspectos técnicos (conceptuales y procedimentales) y también actitudinales y en la medida de las posibilidades se relacionarán con las competencias profesionales y para la empleabilidad y con los objetivos generales del ciclo formativo.

- El módulo tendrá una valoración positiva cuando la calificación ponderada de todos sus RRAA sea superior a 5 puntos. Ahora bien, tal y como se ha indicado en el apartado «Referentes de evaluación», es necesario tener una valoración positiva en los RRAA 2, 3 y 4 para poder superar el módulo. Es decir, la calificación ponderada solo podrá ser superior a 5 puntos en el supuesto de que en los RRAA 2, 3 y 4 sea superior a 5 puntos. En caso contrario, la calificación del módulo será como máximo de 4 puntos. Esto se debe a que estos RRAA se consideran imprescindibles para la superación del módulo por las siguientes razones: el RA 2 es un requisito previo para la formación en empresa y los RRAA 3 y 4 se consideran estructurales y contribuyen al 50% de la calificación.

- En el supuesto de no contar con una valoración positiva en alguno de los RRAA, se propondrá un sistema de recuperación específico y, en última instancia, se seguirá lo indicado en el apartado «Grado de consecución de competencias y objetivos» de esta programación didáctica.

- Los porcentajes de la tabla anterior se traducirán en el boletín a una calificación numérica entre 1 y 10 puntos de manera proporcional a la relevancia asignada.

8.4. Técnicas e instrumentos de evaluación

En la programación didáctica no es necesario describir qué se entiende por técnica e instrumento de evaluación. Ahora bien, en este libro se ha considerado oportuno definir, en primer lugar, estos conceptos.

En el libro «e-Evaluación orientada al e-Aprendizaje estratégico en Educación Superior», Rodríguez e Ibarra[16] definen las técnicas e instrumentos de evaluación como:

- Técnicas de evaluación: «Estrategias que utiliza el evaluador para recoger sistemáticamente información sobre el objeto evaluado».
- Instrumentos de evaluación: «Herramientas reales y tangibles utilizadas por la persona que evalúa para sistematizar sus valoraciones sobre los diferentes aspectos».

Por tanto, las técnicas de evaluación responden a la cuestión «¿Cómo evaluar?» y se refieren a los modelos y procedimientos utilizados. Podrían clasificarse las técnicas atendiendo a distintos criterios. Por ejemplo:

- En función del agente evaluador: heteroevaluación (evaluador externo), autoevaluación, evaluación mixta (donde encontraríamos la coevaluación o evaluación entre iguales).
- En función de la materialización: análisis documental, observación, pruebas, entrevistas...

Por su parte, los instrumentos de evaluación responden a «¿Con qué evaluar?», es decir, herramientas y recursos específicos que se aplican en la evaluación. Algunos ejemplos son: rúbricas, escalas de valoración, listas de cotejo, cuestionarios de respuesta escrita, guión de revisión de los cuadernos de clase, *portfolio*, guión de una entrevista...

Tras haber definido los conceptos de técnicas e instrumentos, procede volver de nuevo a la programación didáctica.

Una vez indicados los referentes de evaluación y el sistema de calificación, el apartado de evaluación del y para el aprendizaje debe incluir también las técnicas e instrumentos de evaluación que se utilizarán. Estas técnicas e instrumentos deben ser diversos y cumplir con las características de evaluación indicadas en la legislación y concretadas por el propio centro educativo. También es necesario no perder de vista las características de una evaluación inclusiva.

---

16   Rodríguez Gómez, G., Ibarra Sáiz, M.S. (Eds.) (2018), e-*Evaluación orientada al e-Aprendizaje estratégico en Educación Superior,* Narcea, pp.. 71-72.

En este subapartado no debe concretarse y asociarse cada técnica e instrumento de evaluación a cada SA, RA y CE, pues esto ya se ha hecho en cada tabla de SA. Tampoco deberían desarrollarse los instrumentos de evaluación, pues esto le corresponde a la programación de aula.

Reflexión

Este subapartado debe servir para reflexionar respecto a la adecuación de los procedimientos e instrumentos de evaluación al alumnado y del módulo. Entre otros:

1. *¿Qué objetivo de aprendizaje se pretende alcanzar?*
2. *¿Los procedimientos e instrumentos son acordes con este objetivo?*
3. *¿Los procedimientos e instrumentos son adecuados a los RRAA y CCEE?*
4. *¿Se atienden las necesidades del alumnado?*

 EJEMPLO 8.7.

Posible redacción del subapartado «Técnicas e instrumentos de evaluación» de un determinado módulo

Como técnicas de evaluación se emplearán:

- La autoevaluación, para fomentar la autorreflexión, el desarrollo metacognitivo y el incremento de la autonomía.
- La coevaluación, para desarrollar la empatía y la autorreflexión.
- La heteroevaluación, para ayudar al alumnado a identificar los puntos de mejora. Para ello se empleará un *feedback* fundamentalmente centrado en el proceso y la metacognición, aunque en determinadas situaciones es posible que se utilice un *feedback* centrado en la tarea e incluso en el alumnado.

Como instrumentos de evaluación se emplearán:

- Para la autoevaluación, el *portfolio* de aprendizaje.
- Para la coevaluación, las dianas de aprendizaje o rúbricas diseñadas al efecto.
- Para la heteroevaluación, fundamentalmente las rúbricas.

Las competencias personales y para la empleabilidad, los objetivos generales del ciclo y aspectos técnicos y actitudinales se utilizarán, para pasar de un nivel de desempeño al siguiente dentro de cada CE.

En el caso de las rúbricas, estas tendrán, al menos, cuatro niveles de desempeño e incluirán descriptores que permitan al alumnado identificar qué debe hacer para conseguir el mejor nivel de desempeño esperado. Es decir, las rúbricas servirán no solo para evaluar, sino también como guía para el desarrollo de los proyectos y tareas de aprendizaje (evaluación formativa).

En algunos casos y de manera excepcional, pueden emplearse otros instrumentos de evaluación como por ejemplo: las entrevistas, las pruebas escritas u orales.

Como se ha indicado en párrafos anteriores, los instrumentos de evaluación deben concretarse en la programación de aula y por tanto, quedan fuera del objeto del presente libro. De cualquier modo, se resalta la importancia de tomar los RRAA y sus CCEE como referentes y tener siempre presente la adecuación de cada instrumento a la finalidad que se persigue. Así, por ejemplo, un instrumento para desarrollar una técnica de «heteroevaluación» debe ser más concreto que un instrumento que desarrolle una técnica de «autoevaluación», pues en esta última se persigue la reflexión.

EJEMPLO 8.8.

Rúbrica de evaluación de los cinco primeros CCEE del RA I correspondiente al módulo de «Máquinas eléctricas»

(incluido en el título de Técnico en Instalaciones Eléctricas y Automáticas, Real Decreto 177/2008, de 8 de febrero)

Resultado de aprendizaje: 1. Elabora documentación técnica de máquinas eléctricas relacionando símbolos normalizados y representando gráficamente elementos y procedimientos.

Criterios de evaluación	Es necesario mejorar	Todavía se puede hacer mejor	Se ha realizado un buen trabajo	Se ha realizado un trabajo fantástico
"a) Se han dibujado croquis y planos de las máquinas y sus bobinados. e) Se ha utilizado simbología normalizada."	Ha faltado dibujar el croquis y/o el plano de la máquina y/o bobinado y/o se ha empleado una simbología no normalizada.	Se han dibujado croquis y/o planos de la máquina y/o bobinado empleando la simbología normalizada y siguiendo, al menos, el 50% de los requisitos establecidos en el enunciado de la actividad (el croquis o plano es parcialmente funcional).	Se han dibujado croquis y planos, empleando la simbología normalizada siguiendo el 100% de los requisitos establecidos en el enunciado de la actividad (el croquis y plano es funcional de acuerdo con los requitos del enunciado).	Además de lo indicado en el apartado anterior, se ha aportado una reflexión personal sobre el funcionamiento y/o propuestas de mejora que evidencian la interiorización del aprendizaje. En el caso de emplear software CAD, también se evidencia la utilización de plantillas y funciones avanzadas.
"b) Se han dibujado esquemas de placas de bornes, conexionados y devanados según normas. e) Se ha utilizado simbología normalizada."	Ha faltado dibujar la placa de bornes y/o conexionados y/o devanados según la norma de aplicación y/o se ha empleado una simbología no normalizada.	Se ha dibujado la placa de bornes y/o conexionados y devanados según la norma de aplicación empleando la simbología normalizada y siguiendo, al menos, el 50% de los requisitos establecidos en el enunciado de la actividad (el croquis o plano es parcialmente funcional).	Se ha dibujado la placa de bornes y/o conexionados y devanados según la norma de aplicación, empleando la simbología normalizada y siguiendo el 100% de los requisitos establecidos en el enunciado de la actividad (el croquis y plano es funcional de acuerdo con los requitos del enunciado).	Además de lo indicado en el apartado anterior, se ha aportado una reflexión personal sobre el funcionamiento y/o propuestas de mejora que evidencian la interiorización del aprendizaje. En el caso de emplear software CAD, también se evidencia la utilización de plantillas y funciones avanzadas.
"c) Se han realizado esquemas de maniobras y ensayos de máquinas eléctricas. e) Se ha utilizado simbología normalizada."	Ha faltado realizar los esquemas de maniobra y/o ensayos y/o se ha empleado una simbología no normalizada.	Se ha realizado el esquema de maniobra y/o ensayo empleando la simbología normalizada y siguiendo, al menos, el 50% de los requisitos establecidos en el enunciado de la actividad (el croquis o plano es parcialmente funcional).	Se ha realizado el esquema de maniobra y/o ensayo empleando la simbología normalizada y siguiendo el 100% de los requisitos establecidos en el enunciado de la actividad (el croquis y plano es funcional de acuerdo con los requitos del enunciado).	Además de lo indicado en el apartado anterior, se ha aportado una reflexión personal sobre el funcionamiento y/o propuestas de mejora que evidencian la interiorización del aprendizaje. En el caso de emplear software CAD, también se evidencia la utilización de plantillas y funciones avanzadas.

OBSERVACIONES:

1. Con esta rúbrica se pretende evaluar y calificar una serie de actividades de dibujo (mediante software CAD): planos, conexiones y esquemas eléctricos (aplicar, analizar, evaluar y crear).

2. El criterio de evaluación «d» (Se han utilizado programas informáticos de diseño para realizar esquemas), puede ser o no uno de los requisitos del enunciado de la actividad.

Observaciones:

- Los criterios de evaluación (a, b, c, d, e) son los que establece el R.D. 177/2008.

- La rúbrica, aunque puede utilizarse para evaluar y calificar diferentes actividades asociadas al dibujo de máquinas eléctricas, se emplea específicamente para evaluar la actividad AC-2.4 planteada en el ejemplo 5.7 de este libro: «Utiliza el software «CAD-Electric» y dibuja el arranque estrella triangulo con temporizador e inversión de giro. Genera el fichero del proyecto y súbelo a la correspondiente tarea del aula virtual. Esta actividad será corregida y calificada de acuerdo con la rúbrica del ejemplo 8.8».

- La rúbrica se diseña para poder utilizarse en diferentes actividades. En el enunciado de cada actividad deben precisarse los requisitos a cumplir de forma que el alumnado sepa qué debe hacer para llegar al 50% que se indica en el descriptor de la rúbrica. Por tanto, la rúbrica siempre debe interpretarse con el enunciado (ambos instrumentos, rúbrica y enunciado, son complementarios).

8.5. Evaluación específica para el alumnado con NEAE-F

En la programación didáctica se han dedicado diferentes apartados y subapartados a reflexionar y planificar la atención del alumnado con NEAE-F. La evaluación no puede ser menos, y en este sentido se propone incluir un subapartado que atienda las peculiaridades del alumnado con mayores barreras para el acceso, el aprendizaje y la participación.

No se trata de detallar las medidas de respuesta educativa, y menos aún de reflexionar sobre las peculiaridades del alumnado con NEAE-F, sino de indicar las medidas que se tomarán en cuanto a la evaluación y la calificación. Para ello es necesario partir del análisis previo de la realidad del grupo-clase, como se ha tratado anteriormente.

En este libro se entiende que la necesidad de recuperar un módulo, o parte del mismo, también es una medida específica para alumnado con NEAE-F. El alumnado que no ha conseguido superar la totalidad o parte de un módulo, es un alumno o alumna que requiere apoyo educativo. Por tanto, se propone hacer referencia a estas medidas extraordinarias precisamente en este subapartado de la programación didáctica. No obstante, el lector o lectora podría considerar procedente dedicar un subapartado independiente a las medidas de recuperación. Esta consideración también sería válida, pero no es la que se propone en este libro.

En este subapartado, pueden plantearse cuestiones como:

- ¿Se utilizarán técnicas e instrumentos de evaluación concretos para eliminar una barrera de inclusión específica?
- ¿La evaluación y calificación del alumnado con NEE deberá tener alguna particularidad?
- En el supuesto de tener el módulo objeto de programación pendiente, ¿cómo podrá recuperarse?

A grandes rasgos, se deberían trazar unas líneas que definan las peculiaridades de evaluación y calificación para el alumnado con NEAE-F, y también las estrategias para atender las necesidades de refuerzo y recuperación de los RRAA. La recuperación puede que sea de parte del módulo (alguno o algunos de sus RRAA) o de la totalidad pendiente de un curso anterior (todos los RRAA).

De manera análoga a lo que ya se indicó en el capítulo «Apoyo a la inclusión», en este subapartado se ha de incluir una respuesta educativa diferenciada para el alumnado con NEAE-F identificado en el análisis interno (capítulo «Contextualización»).

 **EJEMPLO 8.9.**

Posible redacción del subapartado
«Evaluación específica para el alumnado NEAE-F»
del módulo profesional de «Redes locales»

(incluido en el título de Técnico en Sistemas Microinformáticos y Redes, Real Decreto 1691/2007, de 14 de diciembre)

Se parte del análisis interno del grupo B propuesto en el ejemplo 2.4 de este libro. En cuanto a la evaluación se requiere establecer peculiaridades para:

- Los dos estudiantes repetidores.
- El alumno que sufre de migrañas.

Atendiendo a este contexto y teniendo en cuenta la información disponible acerca del desempeño del alumnado, la redacción del subapartado «Evaluación específica para el alumnado con NEAE-F» podría ser la siguiente:

- Los dos estudiantes con el módulo pendiente requieren reforzar y recuperar los mismos RRAA. A saber:
  - RA1 (Reconoce la estructura de redes locales cableadas analizando las características de entornos de aplicación y describiendo la funcionalidad de sus componentes).
  - RA3 (Interconecta equipos en redes locales cableadas describiendo estándares de cableado y aplicando técnicas de montaje de conectores)
  - RA4 (Instala equipos en red, describiendo sus prestaciones y aplicando técnicas de montaje).
  - RA5 (Mantiene una red local interpretando recomendaciones de los fabricantes de hardware o software y estableciendo la relación entre disfunciones y sus causas).

  Se evaluará el grado de adquisición del RA1 y del RA5 facilitando a los estudiantes una batería de actividades de dificultad creciente en entregas quincenales. Ambos estudiantes deberán ir resolviendo estas actividades sucesivamente y utilizarán el *feedback* del docente para comprobar la adquisición de los RRAA y mejorar progresivamente su desempeño. Si se considera necesario, se reforzará el *feedback* con explicaciones específicas asociadas a determinados CCEE en los que los estudiantes muestren mayores dificultades de aprendizaje.

  El RA3 y el RA4 se evaluarán junto con el resto de alumnado del grupo-clase a través de las correspondientes tareas y prácticas propuestas en las SSAA asociadas a estos dos RRAA. Se prestará especial atención a los CCEE en los que ambos estudiantes muestren mayores dificultades y se compararán las tareas y prácticas del presente curso con las correspondientes del curso anterior, de modo que ambos alumnos puedan establecer comparaciones e identificar posibles errores de interpretación y puntos de mejora.

  Se respetará la calificación de los RRAA superados el curso anterior, aunque se les propondrá a ambos la posibilidad de ser evaluados y calificados de los RRAA superados. En cualquier caso, la calificación asignada será la más favorable para ellos.

  En cuanto a la calificación de los RRAA pendientes, será la indicada en esta programación, la cual coincide con la programación didáctica del curso pasado.

- En el caso del estudiante que sufre migrañas, se utilizarán los mismos principios, referentes e instrumentos de evaluación. Ahora bien, si en el momento de la evaluación el estudiante sufre un episodio de migrañas, se le dividirán las actividades de evaluación en tareas de menor duración, e incluso se le propondrá aplazar las actividades para otro momento en el que se encuentre mejor. En cualquier caso, las actividades de evaluación donde la dificultad de atención suponga una barrera mayor, irán precedidas de actividades introductorias de refuerzo, de manera que se facilite la gestión de la memoria de trabajo y el paso de los aprendizajes de esta memoria a la memoria profunda.

8.6. Grado de consecución de competencias y objetivos

Según el artículo 18 del R.D. 659/2023, la evaluación debe verificar la adquisición de los RRAA, de acuerdo con los CCEE, teniendo siempre en cuenta, como referente máximo, la globalidad de las competencias asociadas a la oferta formativa.

En cuanto a los ciclos formativos de grado básico, el artículo 93 del R.D. 659/2023 indica que la superación del ciclo formativo requiere la evaluación positiva colegiada respecto a la adquisición de las competencias básicas, profesionales y para la empleabilidad.

En referencia a los ciclos formativos de grado medio y superior y a los cursos de especialización, el R.D. 659/2023, en sus artículos 107 y 123, indica que el profesorado tomará como referencia los RRAA y sus CCEE para evaluar, siendo las decisiones de evaluación final colegiadas en función del grado de adquisición de las competencias del ciclo.

Por todo lo indicado en los tres párrafos anteriores, es evidente la necesidad de tener en cuenta la evaluación de las competencias del ciclo formativo.

Ahora bien, tal y como se indicó en el capítulo 3 de este libro:

> los objetivos generales expresan los resultados esperados del alumnado como consecuencia del proceso formativo y se obtienen a partir de las competencias. Su finalidad es facilitar la planificación didáctica. Por su parte, las competencias constituyen el conjunto de conocimientos y destrezas que permiten el ejercicio de la actividad profesional conforme a las exigencias de la producción y el empleo. Por tanto, las competencias se redactan pensando en las futuras exigencias

laborales del alumnado, mientras que los objetivos suponen una adaptación para poder desarrollar estas competencias en el aula.

Atendiendo a esta diferencia entre competencias y objetivos, parece más acertado evaluar el grado de consecución de los objetivos generales que el de las competencias profesionales y para la empleabilidad, pues el entorno de evaluación será el centro educativo (el aula) y no un entorno laboral real. En aquellos ciclos formativos en los que sea posible simular un entorno laboral, por ejemplo una cocina y/o un restaurante didáctico, es recomendable e incluso sería más procedente, utilizar las competencias en lugar de los objetivos. En el resto de casos, es más acertado emplear los objetivos.

Para evaluar este logro se pueden emplear diferentes tipos de pruebas, cuantitativas y cualitativas. En cualquier caso, es muy importante la coherencia de estas pruebas con lo que se pretende medir.

En el libro ¿Cómo aprendemos? Una aproximación científica al aprendizaje y la enseñanza[17], Héctor Ruiz Martín identifica y define los parámetros de la evaluación de la siguiente forma:

1. Validez: «Se refiere a si realmente se mide lo que se pretende medir. O mejor dicho, a si los resultados que proporciona la prueba se interpretan como realmente son».

2. Fiabilidad: «Una prueba tiene fiabilidad si la calificación que proporciona para un alumno en concreto es replicable y consistente».

3. Exactitud: «Se refiere a cuán cercana es la medida obtenida mediante la prueba al valor real de lo que pretendemos medir».

4. Precisión: «Es un concepto que alude realmente a las calificaciones y no tanto a la prueba en sí. Se refiere a cuán amplio son los baremos de calificación que diferencian el desempeño de un alumno del de otro».

De estos cuatro parámetros interesa resaltar el de la «fiabilidad». Una prueba cuyos resultados dependan de quién la corrija tendrá una fiabilidad muy limitada y, en consecuencia, no puede considerarse valga la redundancia, fiable.

A pesar de que las orientaciones pedagógicas de cada módulo enumeran las competencias y objetivos directamente asociados a ese módulo, estos elementos curriculares son transversales y se consiguen entre todos los módulos del ciclo. Por tanto, determinar su grado de consecución requiere, necesaria-

---

17   Ruiz Martín, H. (2020), ¿Cómo aprendemos? Una aproximación científica al aprendizaje y la enseñanza. Barcelona: Graó, pp. 281-282.

mente, la aportación de todos los módulos y la cooperación y coordinación de todo el profesorado que los imparte.

Se propone que en la concreción curricular del centro se defina la manera en la que el profesorado cooperará para conseguir que los módulos contribuyan en la consecución de las competencias y objetivos generales.

Para determinar el grado de consecución de las competencias y objetivos se pueden emplear diferentes modelos, como por ejemplo los siguientes:

1. La decisión colegiada del equipo educativo. Esta decisión debería tomarse en una sesión de evaluación de acuerdo a un instrumento de evaluación concreto y consensuado, por ejemplo, una rúbrica. Este instrumento debería estar incluido en la concreción curricular del centro y determinaría los grados de consecución de cada competencia u objetivo para cada curso.

2. Diseño y desarrollo de una o varias SSAA de centro educativo. El objetivo fundamental de esta SA sería el desarrollo y comprobación del grado de consecución de las competencias y objetivos del ciclo y no de los RRAA de cada módulo. Como en el caso anterior, se necesitaría un instrumento de evaluación concreto y consensuado.

3. El actual marco legislativo incluye el «proyecto de aprendizaje colaborativo o proyecto intermodular» en todos los ciclos formativos. Se podría emplear este proyecto intermodular para comprobar el grado de consecución de las competencias y objetivos. Sería una posibilidad similar a la anterior, pero en lugar de crear una o varias SSAA en un momento determinado del curso, estas se abordarían de manera global en ese proyecto intermodular.

4. Un algoritmo que asigne un porcentaje de relevancia ponderada entre los RRAA de cada módulo y las competencias y objetivos del ciclo. Este algoritmo podría basarse en criterios parcialmente cuantitativos. Por ejemplo:

    a. En base al número de competencias y objetivos relacionados con cada módulo profesional y teniendo en cuenta la carga horaria de cada módulo con el conjunto del ciclo.

    b. De acuerdo con el grado de contribución que el profesorado haya decidido asignar a cada competencia u objetivo en el momento de evaluar cada uno de los RRAA del módulo.

Reflexión

Decidir entre un modelo u otro no es una tarea sencilla. Cada centro educativo, de acuerdo a su idiosincrasia (modelo educativo, formación del profesorado, posibilidades informáticas...), considerará un modelo más adecuado y viable que otro.

Nosotros consideramos como ideales los modelos siguientes:

- El diseño y desarrollo de una o varias SSAA de centro educativo centradas en las competencias/objetivos. Se trata del desarrollo de SSAA que movilicen de manera holística todos los módulos del ciclo formativo. Consideramos que se trata de una propuesta con una elevada carga de significatividad para el alumnado y de visión general para el profesorado. Este modelo puede implementarse a través de un proyecto o reto a final de cada trimestre, de cada curso o al final del ciclo formativo. Se trata de «romper» con el horario convencional y trabajar de manera cooperativa en la resolución de una situación problemática centrada en las competencias y/o objetivos generales del ciclo y no en los RRAA de cada módulo.

- Otra opción también muy interesante, y tal vez con menores inconvenientes organizativos, sería la de utilizar el «proyecto de aprendizaje colaborativo o proyecto intermodular» para desarrollar proyectos cuya evaluación se centre única y exclusivamente en las competencias y objetivos. Este modelo está más acotado y posiblemente sea más sencillo organizativamente de llevar a la práctica, pero es evidente que crea menos sinergia entre el profesorado y entre los módulos que el modelo anterior.

Lo redactado hasta aquí en este subapartado evidencia la necesidad de atender, con un modelo de evaluación u otro, a las competencias u objetivos del ciclo formativo. La forma en la que se evalúan estos elementos curriculares debe reflejarse en la programación didáctica y la propuesta de este libro es que se haga en el subapartado de «Grado de consecución de competencias y objetivos». Para ello se propone:

1. Referenciar el modelo de evaluación que utilizará el centro educativo para evaluar el grado de consecución de competencias y/o objetivos de manera holística. Para ello se puede emplear un párrafo que resuma brevemente el modelo y enlace a la concreción curricular para mayor detalle.

2. Indicar la forma de evaluar las competencias y objetivos directamente asociadas al módulo objeto de programación.

Tal y como se ha indicado en este capítulo, para asegurar un nivel aceptable de fiabilidad, debería ser una decisión del centro educativo y, en ningún caso, una decisión individual de cada profesor y profesora. Por tanto, este apartado ha de referenciar la concreción curricular del centro, pues *a priori*, al menos en lo referente a la forma de comprobar el grado de consecución de competencias y objetivos de todo el ciclo formativo, en todas las programaciones se debería indicar lo mismo.

Solo existirán diferencias en la evaluación específica de las competencias y objetivos directamente asociados al módulo objeto de programación. En este caso esta propuesta debería detallarse en la programación didáctica.

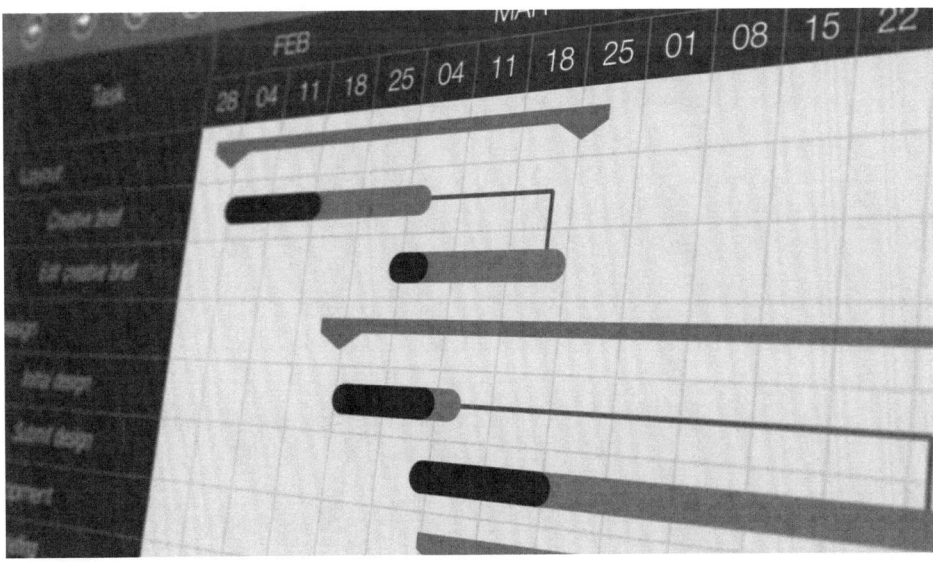

EJEMPLO 8.10.

Posible redacción del subapartado «Grado de consecución de competencias y objetivos» del módulo profesional de «Atención a grupos»

(incluido en el título de Técnico en actividades ecuestres, Real Decreto Real Decreto 652/2017, de 23 de junio)

De acuerdo con la concreción curricular del centro educativo, las tres últimas semanas del curso se desarrollará un proyecto o reto centrado en todas las competencias y objetivos generales del ciclo. Este proyecto o reto se abordará de manera holística, de forma que el alumnado deberá aplicar los RRAA de todos los módulos estudiados hasta ese momento. Desde la tutoría y en el momento que proceda se informará de este proyecto, de su enfoque, características y sistema de evaluación y calificación[18].

De acuerdo con las orientaciones pedagógicas asociadas al módulo de «Atención a grupos» (anexo I del R.D. 652/2017): «La formación del módulo contribuye a alcanzar los objetivos generales n), o), p), q), r), s), t), u) y w) del ciclo formativo, y las competencias n), o), p), q), r), s), t) y v) del título».

- Se considerará que el alumno o alumna con una evaluación positiva en todos los RRAA del módulo ha logrado el grado mínimo de consecución de estos objetivos y competencias.

- En el caso de NO tener una evaluación positiva en todos los RRAA del módulo, el alumno o alumna deberá desarrollar un reto o proyecto centrado en estas competencias y objetivos. La evaluación y la calificación final del módulo corresponderá a la evaluación y calificación de este reto o proyecto de acuerdo con una rúbrica que evaluará los objetivos generales asociados al módulo. Cada objetivo se evaluará de acuerdo con una rúbrica de cuatro niveles de logro que combinará los RRAA del módulo de «Atención a grupos» y que se facilitará al alumnado antes del inicio del proyecto o reto objeto de evaluación.

18　Este párrafo aparecería redactado en las programaciones didácticas de todos los módulos del ciclo formativo.

EJEMPLO 8.II.

Parte de la rúbrica para evaluar el grado de consecución de objetivos asociados al módulo de «Atención a grupos»

(véase ejemplo 8.10).

Criterios de evaluación	Objetivos generales asociados al módulo de «Atención a grupos»			
	Es necesario mejorar	Todavía se puede hacer mejor	Se ha realizado un buen trabajo	Se ha realizado un trabajo fantástico
"n) Identificar y aplicar técnicas de animación, adecuándolas a las características de las personas y de los caballos para guiarlas, y dinamizarlas en las actividades e itinerarios ecuestres."	Ha faltado identificar y aplicar técnicas de equitación	Ha identificado y aplicado técnicas de equitación, adecuándolas a las características de las personas y de los caballos para guiarlas, caracterizando previamente la dinámica grupal de acuerdo con aspectos psicológicos y sociológicos (RA1).	Además de lo indicado en el nivel anterior, se ha dinamizado con seguridad las actividades e intinerarios ecuestres, desarrollando estrategias y técnicas de dinamización en función del contexto de intervención y adecuando el uso de las técnicas y sus fases (RA2).	Además de lo indicado en el apartado anterior, se han identificado técnicas de comunicación, analizando las características de los grupos y de las personas implicadas en la animación (RA3).
...	...	...	...	...
p) Desarrollar trabajos en equipo y valorar su organización, participando con tolerancia y respeto, y tomar decisiones colectivas o individuales para actuar con responsabilidad y autonomía.	Ha faltado desarrollar trabajos en equipo y valorar su organización.	Se han desarrollado trabajos en equipo identificando técnicas de comunicación y analizando las características de los grupos y de las personas implicadas en el proceso (RA3).	Además de lo indicado en el nivel anterior, se ha valorado la organización, participando con tolerancia y respeto e implementando estrategias de gestión de conflictos grupales y solución de problemas, seleccionando técnicas en función del contexto de intervención (RA4).	Además de lo indicado en el apartado anterior, se han evaluado los procesos de grupo, identificando aspectos susceptibles de mejora (RA5) y se han tomado decisiones colectivas o individuales para actuar con responsabilidad y autonomía.
...	...	...	...	...

"Los RRAA del «Atención a grupos» (anexo I del R.D. 1652/2017) son:
1. Caracteriza la dinámica grupal, relacionándola con los aspectos psicológicos y sociológicos que la sustentan.
2. Desarrolla estrategias y técnicas de dinamización grupal en función del contexto de intervención, adecuando el uso de las técnicas a sus fases.
3. Identifica técnicas de comunicación, analizando las características de los grupos y de las personas implicadas en el proceso.
4. Implementa estrategias de gestión de conflictos grupales y solución de problemas, seleccionando técnicas en función del contexto de intervención.
5. Evalúa los procesos de grupo, identificando los aspectos susceptibles de mejora."

Los objetivos generales (artículo 9 del R.D. 1652/2017) asociados a «Técnicas de equitación» son:

n) Identificar y aplicar técnicas de animación, adecuándolas a las características de las personas y de los caballos para guiarlas, y dinamizarlas con seguridad en las actividades e itinerarios ecuestres.

o) Analizar y utilizar los recursos existentes para el aprendizaje a lo largo de la vida y las tecnologías de la información y la comunicación para aprender y actualizar sus conocimientos, reconociendo las posibilidades de mejora profesional y personal, para adaptarse a diferentes situaciones profesionales y laborales.

p) Desarrollar trabajos en equipo y valorar su organización, participando con tolerancia y respeto, y tomar decisiones colectivas o individuales para actuar con responsabilidad y autonomía.

...

Reflexión

El modelo de evaluación propuesto en este capítulo es un modelo «criterial», basado en los RRAA y CCEE del currículo. Tal y como se ha indicado en apartados anteriores, al centrarse en los RRAA y los CCEE daremos respuesta al resto de elementos curriculares: competencias y objetivos («ciclo CORC»).

Son estos RRAA y CCEE los que se proponen como referentes para:

1. Evaluar.

2. Calificar.

3. Y diseñar los instrumentos de evaluación.

En definitiva, es con estos RRAA y CCEE con los que se satisfacen los requisitos presentes en la legislación.

Ahora bien, no podemos dejar de lado el primero de los fines que persigue el sistema educativo: «El pleno desarrollo de la personalidad y de las capacidades de los alumnos». Para atender a este, y también a otros principios y fines de la LOMLOE es necesaria una evaluación idiosincrática, es decir, una evaluación en la que el referente no sea únicamente un elemento externo (los RRAA y sus CCEE), sino el propio alumno o alumna. Para esto se puede utilizar una evaluación paralela a la «criterial» o bien integrar la evaluación idiosincrática en los indicadores de logro de los propios instrumentos de evaluación.

Teniendo en cuenta que el grado de consecución de las competencias y objetivos generales del ciclo formativo son los referentes máximos de evaluación, parece obvio que en la programación didáctica se ha de indicar de manera clara cómo se cuantifica este grado de consecución. Hemos planteado diferentes modelos y hemos argumentado cuáles nos parecen más acertados. En cualquier caso, queremos resaltar la importancia de que, se utilice el modelo que sea, se trate de una decisión colegiada de centro y se plasme en la concreción curricular.

Por último, en la rúbrica del ejemplo 8.8 se ha empleado un aspecto actitudinal para pasar del nivel de logro 3 al nivel de logro 4 (nivel máximo). Aquí hemos propuesto que la «actitud» sirva para pasar de un «notable» a un «sobresaliente». Ahora bien, en otros casos es posible que la «actitud» sea necesaria para pasar de un «insuficiente» a un «suficiente», tal es el caso de instrumentos que deban tener en cuenta la seguridad o la higiene. Esto debe quedar en manos del profesorado, pero lo realmente importante es que sea consensuado, se plasme en la programación didáctica y se informe y explique al alumnado de manera previa al desarrollo y evaluación de la tarea o proyecto.

Existen otros modelos para evaluar la actitud, como por ejemplo: diseñar un RA centrado únicamente en la «actitud» o bien dejar la evaluación y calificación de la «actitud» en manos del profesorado de Itinerario para la Empleabilidad I y II. Sea como sea, debe decidirse de manera consensuada y definirse en la programación didáctica. Incluso, en algunos casos, como por ejemplo en el diseño de un RA específico, debería consultarse a la inspección educativa y/o servicio administrativo competente. Nosotros proponemos incluir este ítem de manera transversal en los instrumentos de evaluación.

Como ya indicamos en el capítulo IV, existen diferentes casuísticas y difícilmente se podrá encontrar un programa formativo común para todo el alumnado que pudiera incluirse en la programación didáctica. Es por este motivo por el proponemos programar como si todas las SSAA se fueran a desarrollar en el centro educativo y, posteriormente, en los correspondientes programas formativos, especificar lo que se considere oportuno. Por tanto, las peculiaridades de evaluación asociadas a la formación en la empresa proponemos que se incluyan en el programa formativo y no en la programación didáctica.

Capítulo IX.

Evaluación de la enseñanza y de la práctica docente

> **«Mi papel como profesor es evaluar el efecto que tengo en mis estudiantes»**
>
> Dr. John Hattie (1950), *Aprendizaje visible.*

La definición del concepto de buen docente puede resultar aparentemente sencilla, sin embargo la «buena enseñanza» es una cuestión compleja y no resulta nada fácil definirla (OCDE, 2013). No obstante, de acuerdo con el Informe McKinsey sobre la calidad de la educación (Barber y Mourshed, 2007), «La calidad de un sistema educativo tiene como techo la calidad de sus docentes y mejorar la instrucción es la única manera de obtener mejores resultados».

Por este motivo, aunque resulte muy complejo cuantificar con precisión la labor docente, no cabe duda de que la mejora de esta puede tener un efecto muy positivo en el aprendizaje. Según Hattie (2005, 2013), y tal y como sugiere la estimación mostrada en el gráfico 9.1, el profesorado es un factor crítico por su potencial para influir en el éxito del alumnado y esta es la causa principal que justifica la necesidad de una evaluación de la práctica docente.

Gráfico 9.1 - Factores que influyen sobre el éxito del alumnado

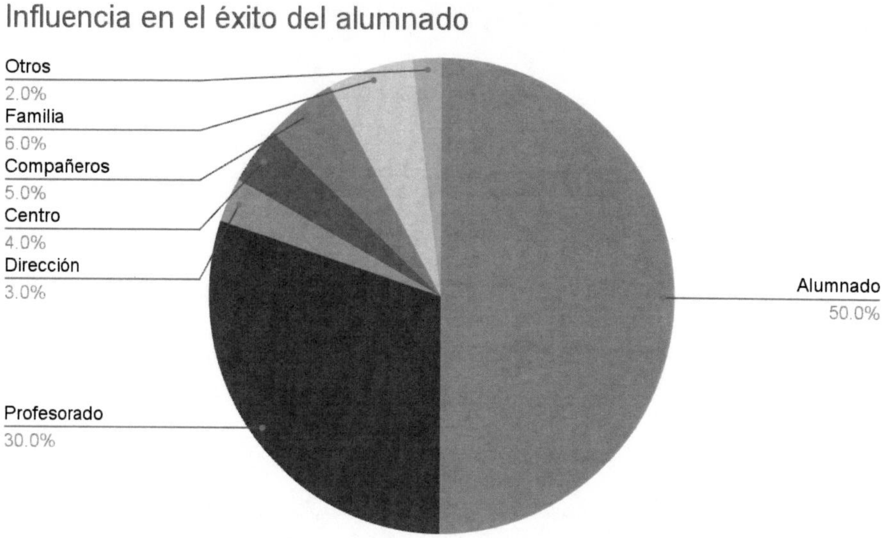

Influencia en el éxito del alumnado

En definitiva, la evaluación de la práctica profesional del profesorado es un componente más de la programación didáctica, y como tal está presente en la legislación. Son muchos los desarrollos curriculares autonómicos que incluyen la evaluación de la práctica docente y los indicadores de éxito como uno de los elementos de las programaciones.

Independientemente del requisito que establece la legislación de incluir este apartado, es también una obligación moral, ya que para mejorar es preciso evaluar. Es decir, para avanzar hacia la excelencia es necesario medir. Además, si se centra la evaluación únicamente en el aprendizaje, el proceso quedaría incompleto: se ha de evaluar el sistema, la práctica del profesorado, la propia evaluación, etc. Todo ello con el objetivo de lograr una mejora continua y seguir un camino que nos aproxime curso a curso hacia una mejor práctica profesional.

En ningún caso se trata de «burocratizar» la tarea del profesorado ni de diseñar sistemas de evaluación exhaustivos que consuman mucho tiempo, sino de ser más consciente de lo que se hace, reflexionar sobre su eficiencia y gestionar de la mejor forma posible los recursos que se destinan a una u otra acción.

En este apartado de la programación se propone incluir los siguientes subapartados:

1. Los planes de mejora del centro.
2. La práctica docente.
3. La propia programación didáctica.

9.1. Evaluación de los planes de mejora

En muchos casos, los centros educativos dedican grandes esfuerzos y recursos a acciones que producen un impacto limitado sobre el alumnado, incluso tienen un efecto negativo o contraproducente sobre el clima de trabajo de la comunidad educativa. Sin embargo, dedicar un mínimo de tiempo a reflexionar sobre cómo la evaluación de las iniciativas y programas desarrollados por los centros educativos puede tener un impacto positivo sobre el alumnado y facilitar la tarea del profesorado.

Para conseguir una eficiente gestión de los recursos y un mayor impacto en los resultados es recomendable que esta evaluación se haga a nivel de centro y no de forma individual.

Una posible secuencia del proceso de evaluación de la práctica docente podría contar con los siguientes pasos:

1. Partir del conocimiento de la situación actual. Una vez se haya recabado la información necesaria, la situación se puede sintetizar en un análisis DAFO (un diagrama que representa las debilidades, amenazas, fortalezas y oportunidades)[19]. A partir de estos datos se puede diseñar un programa o plan que mejore la situación actual. En este plan resulta crítico identificar con precisión el «qué», es decir, lo que se ha de evaluar, ya que no es necesario evaluarlo todo todos los años. De hecho, en ocasiones es interesante poner el foco en alguna cuestión distinta y cerrar un ciclo después de un periodo prudencial en el que se evalúe todo lo necesario.

2. Identificar los objetivos que se quieren alcanzar, que han de ser medibles, temporales y realistas. También es necesario conocer las características legislativas y pedagógicas del programa o plan que se quiere llevar adelante.

3. Diseñar el plan de evaluación. Esto incluye el modelo que se utilizará, los criterios que se emplearán, las técnicas, los instrumentos, los indicadores, los agentes, el momento de la evaluación, etc.

4. Evaluar el diseño (contexto, viabilidad, adecuación, plan de acción, etc.) y redefinirlo si procede.

5. Poner en práctica el programa o plan de mejora.

---

19 Capó Vicedo, J. (2015). 10 pasos para desarrollar un plan estratégico y un business model canvas, *3C Empresa* (24), vol. 4, n.º 4.

6. Evaluar el desarrollo (grado de consecución de objetivos o tendencia, conflictos, situaciones problemáticas, etc. y redefinirlo si procede) y los resultados (grado de consecución de objetivos, impacto directo e indirecto, costes materiales e inmateriales, etc.).

7. Analizar el desarrollo y los resultados, para realizar propuestas de mejora (aprendizajes), difusión e institucionalización.

   EJEMPLO 9.I.

Análisis DAFO de la práctica docente de primer curso de ciclo formativo básico

DEBILIDADES	AMENAZAS
• La nota media presenta una gran dispersión, lo que sugiere que el desempeño académico es muy desigual entre el alumnado. • El profesorado percibe las programaciones didácticas como un documento «burocrático» que está muy apartado de la realidad.	• La gran diversidad que presenta el grupo puede resultar una amenaza si no se trabaja esta cuestión y no se adapta la metodología a esta realidad.
FORTALEZAS	OPORTUNIDADES
• La nota media es similar a la de los demás ciclos formativos básicos. • El índice de aprobados es satisfactorio. • El profesorado traslada una percepción positiva del grupo.	• La gran diversidad que presenta el grupo brinda la oportunidad de trabajar la inclusión a través de dinámicas de grupo y una metodología que tenga en cuenta los diversos ritmos de aprendizaje.

Existen sistemas de evaluación que ponen el énfasis en los datos cuantitativos (Barber y Mourshed, 2007) y sin duda estos son imprescindibles para poder establecer una comparación fiable que sirva de base para los planes de mejora. También es importante considerar otros factores tales como los procesos y los contextos en los que se produce el aprendizaje (Alexander, 2012). Por tanto, conviene que la evaluación se lleve a cabo combinando elementos cuantitativos y cualitativos.

Reflexión

Incluir referencias de la evaluación de los planes de mejora del centro educativo en la programación didáctica persigue establecer nexos de unión entre aquello que se pretende mejorar a nivel de centro educativo en su conjunto y lo que se hace en cada uno de los módulos o ámbitos. Se trata de hacer operativos los objetivos, los valores y las prioridades de actuación del centro educativo.

Aunque pueden emplearse otros documentos de planificación educativa (plan de acción tutorial, plan de atención a la diversidad, etc.), consideramos que la mejor forma de aterrizar los planes de mejora es a través de las programaciones didácticas y de las programaciones de aula.

En el ejemplo 9.1 puede leerse un sencillo DAFO, ¿qué efecto podría tener este DAFO en un módulo o ámbito? A partir del DAFO, se propondrán estrategias que deben materializarse en acciones concretas. Estas acciones pueden llevarse a la práctica en cada una de los módulos o ámbitos, y por tanto, deben programarse y tenerse en cuenta en el proceso de enseñanza y aprendizaje.

Como ya hemos apuntado en diversas ocasiones: no podemos actuar como islas, formamos parte de un conjunto y la mejor forma de conseguir resultados y ser realmente efectivos es trabajar de manera cooperativa y con propósito.

9.2. Evaluación de la práctica docente

Un buen referente para evaluar la práctica docente es el artículo 91 de la LOMLOE, en el que se enumeran las funciones del profesorado. Entre otras, se encuentran:

- La programación y la enseñanza.
- La evaluación del proceso de aprendizaje.
- La tutoría.
- La orientación.
- La atención al desarrollo del alumnado.

- La contribución a las actividades del centro.
- La información a las familias.
- La coordinación de las actividades docentes.
- La participación en los planes de evaluación.

Para realizar la evaluación docente pueden utilizarse diferentes técnicas e instrumentos, como por ejemplo:

- Encuestas de satisfacción: del alumnado, de las familias...
- Resultados de las evaluaciones: porcentaje de aprobados, nota media...
- Registros de incidencias.
- Comparativas entre la distribución temporal planificada y la ejecución real de las SSAA.

No existe la plantilla de evaluación perfecta y tampoco se trata de diseñar una técnica ni instrumento inamovible. La evaluación de la práctica docente debe alinearse con la evaluación de los planes de mejora de los centros educativos. Por tanto, cada cierto tiempo, pueden y deben cambiar los enfoques y las prioridades de evaluación. Todo dependerá de las necesidades de la comunidad educativa.

 **EJEMPLO 9.2.**

Evaluación de la práctica docente en correlación con la evaluación de un plan de mejora

Supongamos que después de analizar la situación de un centro educativo se detecta la necesidad de mejorar el éxito escolar en el primer curso de un determinado ciclo formativo de grado medio.

Atendiendo a las fortalezas (por ejemplo, la formación del profesorado y el buen ambiente cooperativo existente entre el equipo educativo de este nivel) y a las oportunidades (por ejemplo, la dotación de recursos humanos para poner en práctica un plan de mejora), se decide aplicar, como acción de mejora, el refuerzo extra de un profesor o profesora en el aula para aquellos módulos que presentan mayores dificultades de aprendizaje.

La evaluación de este plan de mejora lleva consigo la evaluación de la práctica docente.

Se podrían emplear, por ejemplo, tres simples indicadores:

1. El índice de aprobados.
2. La nota media.
3. La satisfacción del profesorado.

Los dos primeros indicadores son cuantitativos y deberían compararse con el índice de aprobados y con la nota media de ese mismo módulo, pero en el curso anterior, es decir, en el curso en que no se aplicó esa medida de mejora. Estos dos indicadores pueden emplearse de manera conjunta para evaluar el plan de mejora y la práctica docente.

El tercer indicador se centra más en el clima y en el impacto que ha tenido el plan de mejora. En cualquier caso, este tercer indicador tiene un carácter más cualitativo y subjetivo, pero es importante correlacionar ambos tipos de indicadores (cuantitativos y cualitativos).

La tecnología y los programas de gestión con los que cuentan los centros educativos facilitan enormemente la obtención y comparación del índice de aprobados y de la nota media.

Para el caso de la satisfacción del profesorado, bastaría con incluir una o dos preguntas relacionadas con esta acción de mejora dentro de la encuesta de satisfacción que el equipo directivo debería pasar a su claustro al menos, dos veces a lo largo del curso.

Con el objetivo de establecer un sistema de mejora continua y su posterior análisis y evaluación, es recomendable fijar objetivos de calidad concretos. Como por ejemplo: la satisfacción del alumnado, el porcentaje de aprobados, la nota media, etc.

Para poder determinar si se ha producido mejora real y además poder cuantificar esta mejora, los objetivos deben poderse medir.

Por otro lado, es necesario determinar qué acciones de mejora se llevarán a cabo para conseguir estos objetivos.

EJEMPLO 9.3.
Evaluación de la práctica docente en base a objetivos de mejora

Se pretenden lograr los siguientes objetivos de mejora:

1. Conseguir una satisfacción del alumnado respecto del proceso de enseñanza y aprendizaje superior a 3,5 puntos de una escala del 1 al 4.

2. Obtener un índice de alumnado aprobado superior al 90%.

Las acciones que se llevarán a cabo para conseguir estos objetivos son las siguientes:

- Para el objetivo de satisfacción:
  - Facilitar al alumnado una comunicación fluida, directa y empática, tanto síncrona (durante las clases), como asíncrona (a través de las herramientas que facilita la Administración educativa).
  - Fomentar la participación, así como un ambiente agradable y de cordialidad.
  - Cumplir escrupulosamente con las orientaciones metodológicas y las medidas de apoyo a la inclusión definidas en esta programación didáctica.
  - Realizar adaptaciones particulares de las prácticas para aquel alumnado que lo necesite, incluso proponer clases extraescolares si fuera necesario.

- Para el objetivo del índice de aprobados:
  - Fomentar la utilización de las tutorías individuales para aquel alumnado que lo requiera.
  - Realizar actividades de refuerzo personalizadas para eliminar cualquier tipo de barrera para el aprendizaje.

La tabla de indicadores y resultados es la siguiente:

Indicador	Nivel aceptable	Resultado	Acción de mejora
Satisfacción del alumnado al finalizar el primer trimestre	Al menos 3 de 4 puntos		
Satisfacción del alumnado al finalizar el curso	Al menos 3,5 de 4 puntos		
Índice de aprobados	Al menos el 90% del alumnado		

 **EJEMPLO 9.4.**

Encuesta de satisfacción del alumnado

La redacción de la encuesta podría ser:

Intenta evitar las críticas personales, ser sincero y reflexivo. Procura aportar una visión de conjunto, recuerda aquello que has aprendido, las limitaciones de tiempo y material, cómo ha actuado el profesor y su forma de enseñar.

Valora en qué medida estás de acuerdo con cada punto en una escala de 1 a 4.

	1 (peor)	2	3	4 (mejor)
Estás satisfecho con la puntualidad, seriedad y mantenimiento del orden por parte del profesor.				
El profesor ha suscitado interés y motivación respecto a la materia.				
El profesor le ha dado un enfoque práctico a la materia				
El profesor prepara correctamente las clases.				
Los medios y materiales utilizados son correctos.				
Estás satisfecho con la calidad y los contenidos de la documentación facilitada por el profesor.				
Estás satisfecho con la metodología utilizada por el profesor.				
El profesor es claro en sus explicaciones.				
El profesor es organizado y sigue un buen ritmo de trabajo.				
El sistema de evaluación es adecuado.				
El profesor es justo a la hora de calificar.				
El profesor es accesible y cercano al alumnado.				
El profesor domina la materia impartida.				
Opinión general de la materia (al inicio del curso)				
Opinión general de la materia (al final del curso)				
Opinión general del profesor (al inicio del curso)				
Opinión general del profesor (al final del curso)				

Observaciones y propuestas de mejora: …

9.3. Evaluación de la programación didáctica

La rúbrica puede ser un instrumento muy interesante para evaluar la programación didáctica como herramienta de planificación docente.

En función del objetivo que se pretenda conseguir, es posible diseñar varias rúbricas de evaluación. Por ejemplo, si se busca la evaluación de las programaciones didácticas desde la jefatura de estudios o desde el departamento de calidad, se deberían emplear ítems de evaluación como:

- Apartados de la programación didáctica.
- Coherencia entre el PEC y la programación didáctica (desarrollo de valores, objetivos y prioridades de actuación).
- Aplicación práctica de la concreción curricular en la programación didáctica (metodología, evaluación, temas transversales...).

En el caso de buscar una rúbrica para autoevaluarse, es decir, una rúbrica cuyo objetivo sea la mejora de la programación didáctica desde el punto de vista del propio profesorado, los ítems de evaluación serían otros distintos. Por ejemplo: la contextualización, la facilidad para la coordinación docente, el grado de consecución de los objetivos y las competencias profesionales y para la empleabilidad, los objetivos generales, los RRAA, etc.

EJEMPLO 9.5.
Rúbrica de autoevaluación de la planificación

Esta rúbrica evalúa la planificación desde el punto de vista del profesorado.

	Procede tomar medidas de mejora con urgencia	Muy mejorable	Mejorable	Perfecto
Se ha contextualizado teniendo en cuenta la idiosincrasia del centro educativo	No había medidas de contextualización o bien se han materializado menos del 50% de estas medidas.	Se han materializado al menos el 50% de las acciones de contextualización.	Se han desarrollado todas las acciones de contextualización, pero la satisfacción (del alumnado y del profesorado), así como la incidencia, es mejorable.	Se han desarrollado todas las acciones de contextualización y la satisfacción (del alumnado y del profesorado), así como la incidencia han sido muy positivas.
Se ha facilitado la coordinación docente	No había proyecto de coordinación docente o no se ha producido ninguna coordinación entre el equipo educativo.	A pesar de iniciarse, no se ha llegado a materializar ninguna coordinación docente.	Se ha facilitado la coordinación docente pero la satisfacción (del alumnado y del profesorado), así como la incidencia son mejorables.	Se ha facilitado la coordinación docente y la satisfacción (del alumnado y del profesorado), así como la incidencia han sido muy positivas.
Se han conseguido los objetivos generales	Se han alcanzado menos del 25% de los objetivos.	Se han alcanzado entre el 25% y el 50% de los objetivos.	Se han alcanzado entre el 50% y el 90% de los objetivos.	Se han alcanzado más del 90% de los objetivos.
Se han conseguido los RRAA, al menos por parte de un 90% del alumnado	Se han alcanzado menos del 25% de los RRAA.	Se han alcanzado entre el 25% y el 50% de los RRAA.	Se han alcanzado entre el 50% y el 90% de los RRAA	Se han alcanzado más del 90% de los RRAA
...	...	...	...	...

Otra posibilidad, a la hora de evaluar la propia programación didáctica, la encontramos en el *Index for Inclusion*.

El proceso de evaluación se basa, principalmente, en un proceso de reflexión compartida, entre toda la comunidad educativa, dependiendo de la dimensión a evaluar, donde se dialoga en base al desarrollo de un marco de valores traducidos en tres dimensiones: políticas inclusivas, culturas inclusivas y prácticas inclusivas.

Estas, a su vez, se materializan en un marco de planificación dividido en diferentes dimensiones y secciones, que ayudan a estructurar el plan de mejora.

Posteriormente estas dimensiones, con sus secciones, se concretan en unos indicadores con preguntas. Estas, finalmente, serán la base de la reflexión conjunta de la comunidad educativa y la generadora de cambios en el centro docente.

La tabla siguiente describe con más detalle lo indicado en los párrafos anteriores:

Marco de valores		
Estructuras	Relaciones	Espíritu
Igualdad Derechos Participación Comunidad Sostenibilidad	Respeto a la diversidad No - violencia Confianza Compasión Honestidad Valor	Alegría Amor Esperanza/Optimismo Belleza
Dimensiones del Index		

Establecer POLÍTICAS inclusivas

Desarrollar PRÁCTICAS inclusivas

Crear CULTURAS inclusivas

Marco de Planificación

Dimensión A: Crear culturas inclusivas	Dimensión B: Establecer políticas inclusivas	Dimensión C: Desarrollar prácticas inclusivas
A1: Construyendo comunidad (indicador)	B1: Desarrollando un centro escolar para todos (indicador)	C1: Construyendo un currículo para todos. (indicador)
A1.1.Todo el mundo es bienvenido.	B1.1. El centro escolar tiene un proceso de mejora participativo.	C1.1. Los estudiantes exploran los ciclos de producción y consumo de alimentos.
a) ¿El primer contacto que las personas tienen con el centro escolar es acogedor?... (preguntas)	a) ¿Hay un plan de mejora para el centro escolar y su entorno que es ampliamente conocido y acordado por el equipo educativo, el consejo escolar, los padres/tutores y los estudiantes?... (preguntas)	a) ¿Hay un jardín o huerto en el centro escolar donde los estudiantes aprendan sobre el cultivo de vegetales para la alimentación?... (preguntas)
A1.2. El equipo educativo coopera...	B1.2. El centro escolar tiene un enfoque de liderazgo inclusivo...	C1.2. Los estudiantes investigan la importancia del agua...
a) ¿El equipo educativo construye una cultura de colaboración para todo el mundo en el centro escolar?... (preguntas)	a) ¿Se entiende que los buenos líderes pueden ser colaborativos en lugar de autocráticos?... (preguntas)	a) ¿El centro escolar ha identificado un río o arroyo que pueda ser investigado y conservado y a través del cual los estudiantes puedan entender los ecosistemas y los ciclos del agua?... (preguntas)
A2: Estableciendo valores inclusivos (indicador)	B2: Organizando el apoyo a la diversidad (indicador)	C2: Orquestando el aprendizaje. (indicador)
A2.1. El centro escolar desarrolla valores inclusivos compartidos.	B2.1. Todas las formas de apoyo están coordinadas.	C2.1. Las actividades de aprendizaje se han planificado considerando a todos los estudiantes.
a) ¿El equipo educativo, los miembros del consejo escolar, los padres/tutores y los estudiantes disponen de tiempo para hablar de valores, de su implicación para la acción, de la naturaleza de sus propios valores y de cómo éstos difieren entre las personas?... (preguntas)	a) ¿El apoyo es entendido como todas aquellas actividades que incrementan la capacidad del centro escolar para responder a la diversidad de estudiantes de manera que se les valore por igual?... (preguntas)	a) ¿Las actividades están planificadas para apoyar el aprendizaje de los estudiantes antes que para cumplir con un currículo establecido?... (preguntas)
A2.2. El centro escolar fomenta el respeto de todos los derechos humanos....	B2.2. Las actividades de desarrollo profesional ayudan al equipo educativo a responder mejor a la diversidad...	C2.2. Las actividades de aprendizaje fomentan la participación de todos los estudiantes...
a) ¿En el centro escolar se fomenta la creencia de que todo el mundo tiene derechos y los tiene por igual?... (preguntas)	a) ¿Se realizan actividades de desarrollo profesional para ayudar al equipo educativo a trabajar con grupos diversos?... (preguntas)	a) ¿Las actividades de aprendizaje incluyen experiencias compartidas que pueden ser desarrolladas de diferentes maneras por los estudiantes?... (preguntas)

En primer lugar, cabe destacar que el proceso de reflexión no es arbitrario ya que, como se puede observar, las cuestiones sobre las que se «debe» dialogar están claramente enmarcadas y delimitadas en una dimensión. Esto puede resultar de gran ayuda porque evita que el diálogo se convierta en una conversación sin fin que no se concreta en ninguna acción real. Por otro lado, la propuesta del *Index for Inclusion* abarca a toda la comunidad educativa y todos sus ámbitos, por lo tanto, excede las competencias de este libro, pero se ha querido plasmar para que el lector o lectora se haga una idea global de la propuesta y del proceso a seguir de acuerdo al *Index for Inclusion*.

Por último, procede resaltar, que, en el caso de la evaluación de la propia programación didáctica, si se quiere emplear la propuesta del *Index for Inclusion*, es necesario focalizarse en la dimensión C (desarrollar prácticas inclusivas), localizar aquellos indicadores y preguntas que están estrechamente relacionadas con la programación didáctica e iniciar un proceso de reflexión. Esta reflexión debe realizarse de manera cooperativa, por parte de todo el profesorado que forma el equipo educativo, con el objetivo principal de evaluar y transformar todos aquellos aspectos propuestos en el *Index for Inclusion*, buscando la mejora dentro de esta dimensión.

Reflexión

Por tanto, la evaluación es necesaria para la mejora y debe enfocarse desde una perspectiva colectiva, es decir, a nivel de centro educativo.

Podemos diferenciar distintos enfoques o dimensiones de evaluación, pero en este libro distinguimos tres:

1. Los planes de mejora del centro.

2. La práctica docente.

3. La propia programación didáctica.

Las tres dimensiones deben ser coherentes entre sí y de una forma más o menos directa deberían quedar presentes en este apartado de la programación didáctica.

Como ya hemos indicado en apartados anteriores, debemos evitar repetir lo mismo en todas las programaciones didácticas. Es decir, si la evaluación de la enseñanza y de la práctica docente se aborda de manera global por parte del centro educativo, debería aparecer en la concreción curricular de centro y en este apartado de la programación didáctica hacer únicamente referencia a esta circunstancia e indexar el apartado concreto de la concreción curricular de centro en el que se desarrolla y se explica esta evaluación.

Pensamos que esta propuesta es la más acertada y la que mayor impacto provocaría sobre la mejora del proceso de enseñanza y aprendizaje.

En cuanto a la propuesta de la evaluación de la enseñanza en base al *Index for Inclusion*, cabe señalar que no hemos plasmado la propuesta completa ya que, como se puede observar, es muy extensa. De hecho, desde el propio *Index for Inclusion*, se recomienda empezar abordando unas pocas cuestiones a la evaluación e ir incorporando nuevas, conforme se vayan alcanzando los objetivos de cuestiones anteriores.

Capítulo X.

Actividades complementarias

> **«El principio de la educación es predicar con el ejemplo»**
>
> A.R.J. Turgot (1727-1781)

Es usual confundir e incluso asemejar las actividades complementarias y las actividades extraescolares, pero son conceptos diferentes. A saber:

- Son actividades complementarias aquellas que están diseñadas para completar el currículo académico establecido por el propio centro educativo. Por tanto, están relacionadas con los módulos tratados en el centro, se realizan dentro del propio horario escolar, en ellas participa el profesorado y se han de evaluar.
- Son actividades extraescolares las que se realizan dentro o fuera de la jornada escolar, pero siempre fuera del horario lectivo. Son actividades no esenciales, ya que no forman parte del currículo académico y no tienen por qué relacionarse directamente con algún módulo. No pueden evaluarse.

Las programaciones didácticas deberían incluir necesariamente las actividades complementarias, debido a que son las que permiten el desarrollo del currículo. Por el contrario, las actividades extraescolares no deberían contemplarse, porque no son actividades esenciales y no deben evaluarse. Estas últimas sí deben tenerse en cuenta en otros documentos de planificación educativa de centro, como por ejemplo en la Programación General Anual (PGA).

Los objetivos de las actividades extraescolares deberían complementar los objetivos generales de la etapa, las competencias profesionales y para la empleabilidad y los temas transversales, pero no pueden ser objeto de evaluación.

 **EJEMPLO 10.1.**

Legislación autonómica

En la Comunidad Valenciana, el Decreto 252/2019, de 29 de noviembre, del Consell, de regulación de la organización y el funcionamiento de los centros públicos que imparten enseñanzas de Educación Secundaria Obligatoria, Bachillerato y Formación Profesional.

Artículo 72. Actividades complementarias

1. Se consideran actividades complementarias las establecidas en el horario lectivo de permanencia obligada del alumnado en el centro y relacionadas directamente con el desarrollo del currículo como complemento de la actividad escolar, en las que pueda participar el conjunto de alumnado del grupo, curso, ciclo, nivel o etapa. Estas actividades serán, con carácter general, gratuitas y, en todo caso, no tendrán carácter lucrativo, y se garantizará que ninguna alumna o alumno quede excluido de su participación por motivos económicos, o de cualquier otro tipo. Se considerarán también actividades complementarias aquellas en las que el inicio o la finalización se produzca dentro de la jornada escolar, aunque la totalidad de la actividad no se desarrolle dentro de esta jornada.

2. Las actividades complementarias incluidas en la jornada escolar serán establecidas por el centro e incluidas en su programación general anual.

Artículo 73. Actividades extraescolares

1. Se consideran actividades extraescolares tanto las que se realizan dentro de la jornada escolar pero fuera del periodo lectivo como las que se desarrollan totalmente fuera de la jornada escolar. Estas actividades no tendrán carácter lucrativo, serán voluntarias para las familias y no podrán contener enseñanzas incluidas en las programaciones didácticas de cada curso escolar ni ser susceptibles de evaluación a efectos académicos del alumnado. Las que se desarrollen dentro de la jornada escolar pero fuera del horario lectivo serán de oferta obligada para el centro cuando así se determine por la conselleria competente en materia de educación, que establecerá las medidas necesarias para garantizar que ningún alumno o alumna quede excluido por motivos económicos.

2. Los centros podrán fomentar la realización de actividades extraescolares fuera de la jornada escolar que contribuyan a la conciliación de la vida laboral y familiar de los miembros de la comunidad educativa.

3. Las actividades extraescolares incluidas en la jornada escolar serán establecidas por el centro e incluidas en su programación general anual.

Es interesante incluir alguna actividad complementaria a lo largo del curso, si bien sería recomendable contar con una cada trimestre, si las circunstancias académicas lo permiten. Este tipo de actividades rompen con la dinámica habitual de clase y dotan de mayor significado a las tareas que se desarrollan en el aula. En definitiva, pueden entenderse como una extensión de la propuesta educativa de la programación didáctica cuyo objetivo es contribuir al desarrollo integral de la personalidad del alumnado.

Las actividades complementarias pueden desempeñar un papel importante en la motivación del alumnado, ya que permiten dotar al aprendizaje de un carácter lúdico. Además, contribuyen al desarrollo del ingenio, al pensamiento crítico y a la resolución de problemas próximos a la vida cotidiana de una forma y en un contexto menos formal.

Las actividades complementarias se han de planificar de forma que exista una justificación técnica y pedagógica. No son nunca un fin en sí mismas, sino un medio al alcance del profesorado para contribuir al proceso de enseñanza y aprendizaje. Como se ha adelantado anteriormente, estas actividades han de evaluarse, pero no siempre será necesario reflejarlas en el boletín de calificaciones del alumnado.

La planificación, sea de actividades complementarias o extraescolares, podría incluir los siguientes apartados:

- Nombre.
- Descripción.
- Departamentos didácticos o familias profesionales.
- Ciclo formativo, curso y/o módulo.
- Fecha aproximada.
- Justificación pedagógica.
- Objetivos.

El desarrollo de las actividades complementarias y extraescolares requerirá concretar la fecha y el horario exacto, así como la información logística necesaria para llevarlas a término. No obstante, esta información no ha de incluirse en la programación didáctica, sino en la programación de aula.

EJEMPLO I0.2.

Tabla de planificación de una actividad complementaria

Nombre	El enfoque de un profesional del sector
Descripción	Un profesional del sector realizará el cableado de un cuadro eléctrico en el taller de «Automatismos Industriales». El montaje será proyectado, a través de una cámara, en el proyector de la clase, de forma que todo el alumnado pueda ver en directo cómo aplica las técnicas de montaje. Además, durante este montaje, el profesional explicará el proceso de cableado y responderá las preguntas del alumnado.
Familia profesional	Electricidad y electrónica
Ciclo formativo, curso y/o módulo	Ciclo formativo de grado medio de Instalaciones eléctricas y automáticas. Curso 1.º. Módulo de «Automatismos Industriales»
Fecha aproximada	Segunda quincena de diciembre.
Justificación pedagógica	Esta actividad permite al alumnado conocer una aplicación práctica y real del montaje y cableado de cuadros eléctricos, de forma que refuerza los aprendizajes del primer trimestre e introduce aspectos concretos que se estudiarán durante el segundo trimestre.
Objetivos	Conocer las técnicas de montaje y las herramientas empleadas en el montaje y cableado de cuadros eléctricos. Resolver dudas asociadas a aspectos prácticos en cuanto al enfoque profesional y práctico del montaje y cableado de cuadros eléctricos.

Reflexión

Usualmente las actividades extraescolares están relacionadas con la cohesión del grupo y se centran, fundamentalmente, en crear un clima propicio para el proceso de enseñanza y aprendizaje. Son actividades muy importantes, pero no están relacionadas directamente con el currículo.

En cambio, las actividades complementarias, como su propio nombre indica, complementan el currículo y persiguen aportar una visión lúdica y aplicada de los aprendizajes curriculares. Han de planificarse y también incluirse en las programaciones didácticas.

Epílogo.

Reflexión final

A modo de resumen, a continuación realizamos una síntesis de cada uno de los capítulos.

Preámbulo. La programación didáctica.

Hemos presentado la programación didáctica como una necesidad para conseguir la excelencia en el proceso de enseñanza y aprendizaje. Asimismo, hemos propuesto un modelo flexible de programación didáctica adaptado en todo momento a las necesidades del alumnado. En el preámbulo hemos introducido los apartados que a nuestro parecer una programación didáctica ha de contener. Estos se han desarrollado de forma individual en cada uno de los capítulos posteriores.

Capítulo I. Introducción.

Hemos resaltado la importancia de describir el módulo objeto de programación, así como el concepto «programación didáctica» y el marco legislativo en el que se fundamenta.

Capítulo II. Contextualización

Hemos propuesto que la programación didáctica se contextualice para cada centro educativo, cada nivel y curso. Hemos incluido las claves y las herramientas necesarias para realizar un análisis externo (contexto del centro educativo) e interno (idiosincrasia del alumnado).

Capítulo III. Carácter intermodular.

Hemos analizado la importancia de contar con una visión holística del ciclo formativo a través del proceso tecnológico y el análisis de las competencias, los objetivos y los RRAA, para, finalmente, identificar las conexiones entre los distintos módulos (intermodalidad).

Capítulo IV. Carácter dual

La formación en alternancia es una de las principales novedades introducidas por el marco legislativo actual. Hemos dedicado un apartado específico para señalar los RRAA susceptibles de desarrollarse en el centro educativo, en la empresa o en ambas organizaciones. En base a este capítulo se deberá desarrollar el correspondiente programa formativo de manera consensuada entre el centro y la o las empresas.

Capítulo V. Resultados y situaciones de aprendizaje

Las situaciones de aprendizaje han de ser las entidades operativas de la programación didáctica y por ello se define una estructura eficaz y coherente que se deduce directamente de los RRAA y sus CCEE. A esta estructura la hemos llamado «Mapa de situaciones de aprendizaje». A través de tablas específicas para cada una de las SSAA, hemos incluido objetivos operativos, contenidos y estrategias didácticas.

Además, hemos propuesto cómo abordar la distribución temporal y cómo identificar y asignar los recursos necesarios para desarrollar cada una de las situaciones de aprendizaje.

Por último, hemos descrito y ejemplificado las diferencias entre la programación didáctica y la programación de aula.

Capítulo VI - Orientaciones metodológicas.

Hemos ofrecido una respuesta al «cómo» se desarrollan cada una de las situaciones de aprendizaje. Para ello, hemos partido de los principios pedagógicos y hemos seguido la propuesta curricular de cada centro para detallar un plan metodológico que incorpora de forma significativa y representativa fundamentos como el Diseño Universal de Aprendizaje, la programación multinivel, el trabajo por ámbitos de conocimiento y la transversalidad de las enseñanzas y aprendizajes. De esta manera, estos principios pueden aplicarse en un plan de trabajo ambicioso pero factible y realista.

Capítulo VII. Apoyo a la inclusión

Hemos planteado las orientaciones metodológicas para el alumnado en su conjunto, pero debemos atender también aquellas situaciones excepcionales. Ese principio rector se ha concretado en la necesidad de reflexionar sobre las medidas de respuesta que requieren una atención diferenciada (especializada o no especializada) y en las medidas concretas de acceso, aprendizaje y participación que la programación ha de contener para responder adecuadamente a las exigencias de la norma, pero especialmente a las necesidades de todo el alumnado.

Capítulo VIII. Evaluación del y para el aprendizaje.

La evaluación forma parte del propio proceso de enseñanza y aprendizaje. Hemos propuesto un modelo de evaluación «criterial», pero también una evaluación inclusiva e idiosincrática (basada en las necesidades de cada estudiante). Además, hemos detallado cómo lograr una calificación coherente con estos principios de evaluación, ya que si se toman como referentes de evaluación estos criterios, la calificación del alumnado también debe realizarse de acuerdo con ellos. De esta forma hemos ofrecido una solución rigurosa, detallada y práctica para que el profesorado pueda transitar de una evaluación anclada a un modelo estático de contenidos, procedimientos y actitudes a una evaluación dinámica, inclusiva y basada en criterios de evaluación.

Por último, hemos propuesto diferentes modelos para evaluar el grado de consecución de competencias y objetivos, pues estos dos elementos son los referentes últimos para la evaluación del alumnado.

Capítulo IX. Evaluación de la enseñanza y de la práctica docente.

No solo es una prescripción legislativa, sino también una obligación moral. Lo que no se mide no se puede mejorar. En este capítulo hemos propuesto un método para la mejora continua: indicadores, niveles de aceptabilidad, resultados y acciones de mejora.

Capítulo X. Actividades complementarias.

Son actividades que rompen con la rutina diaria del aula pero que requieren ser planificadas e integradas de forma coherente en la programación didáctica. En este capítulo hemos ofrecido una propuesta de tipología de actividades y la forma de plasmarlas en la programación didáctica.

Hemos incluido más de cincuenta ejemplos de distintas familias profesionales, ciclos formativos y módulos, así como numerosas reflexiones en primera persona que facilitan al lector o lectora la comprensión de cada uno de los capítulos y apartados del libro. Hemos elaborado anexos que complementan y concretan cuando se ha considerado oportuno.

La estructura que hemos propuesto incluye los apartados que a nuestro parecer son estrictamente necesarios para elaborar una programación didáctica de FP. Ahora bien, cada comunidad autónoma puede legislar la inclusión de otros apartados adicionales con el fin de atender las particularidades o prioridades de su política educativa. Del mismo modo, un centro educativo concreto, podría también incluir apartados específicos. Sin ir más lejos, a partir del curso 2020-2021 es usual incluir un apartado en la programación didáctica centrado en la atención al alumnado en caso de tener que seguir el proceso de enseñanza y aprendizaje de manera telemática. Pensamos que este apartado es temporal y que, incluso si no lo fuera, debe definirse a nivel de centro, es decir, en la concreción curricular.

Queremos cerrar el libro deseándote todo lo mejor y transmitiéndote nuestros mejores deseos. Recuerda que lo importante no es el producto final sino el proceso de diseño y rediseño: cualquier programación didáctica debe ser un documento vivo y dinámico (*a work in progress*).

Raül Solbes Monzó, Vicente Sierra Marti y Elio Pérez Calle

Anexo A.

Fundamentación legislativa

Las disposiciones legislativas que fundamentan el libro son la Ley Orgánica 3/2022, de 31 de marzo, de ordenación e integración de la Formación Profesional y el Real Decreto 659/2023, de 18 de julio, por el que se desarrolla la ordenación del Sistema de Formación Profesional. Estas dos normas se han de concretar por parte de las administraciones educativas de cada comunidad autónoma, de forma que será necesario consultar en cada caso el marco normativo autonómico.

En este anexo se señalan los aspectos fundamentales de ambas disposiciones legislativas.

- En cuanto a la Ley 3/2022, se facilita una resumen de ámbito general.
- En referencia al Real Decreto 659/2023, se resaltan los aspectos considerados más relevantes para la programación didáctica. Si bien esta disposición normativa incluye aspectos básicos relativos a requisitos y cupos de acceso, regulación y organización de la oferta, convalidaciones y exenciones, requisitos del profesorado, etc., el apartado de este anexo dedicado a este decreto se centra únicamente en aquellos aspectos que tienen un efecto directo sobre el diseño de la programación didáctica y el proceso de enseñanza y aprendizaje.

El lector puede utilizar este anexo como mapa general del contenido de estos textos, a modo de referencia para comprender mejor las cuestiones que se desarrollan en el libro y para conocer cuál es el fundamento legal de cada una de los elementos del modelo de programación didáctica que propone este libro.

A.I. Ley Orgánica 3/2022, de 31 de marzo, de ordenación e integración de la Formación Profesional

A.I.I. Introducción

El 1 de abril de 2022 se publicó en el Boletín Oficial del Estado la Ley Orgánica 3/2022, de 31 de marzo, de ordenación e integración de la FP. Esta Ley derogó la que hasta la fecha regulaba el sistema de FP: la Ley Orgánica 5/2002, de 19 de junio, de las Cualificaciones y de la FP.

La derogada Ley 5/2002 ordenaba un sistema de FP a partir de dos subsistemas (empleo y educación), las cualificaciones profesionales y la acreditación parcial acumulativa. Por su parte, la actual Ley 3/2022 ordena un sistema único y manifiesta la finalidad de regular un régimen de formación y acompañamiento profesional e introduce notables cambios que pretenden adaptar el sistema de FP a las exigencias de la sociedad y del mercado laboral.

En el nuevo texto legal se propone una organización curricular más flexible, una mayor participación de la comunidad educativa en el desarrollo del proceso de enseñanza y aprendizaje, etc.

A.I.2. Estructura general

La Ley incluye un total de doce títulos y 117 artículos, que se representan de manera gráfica en el diagrama 0.2 de este libro.

A.I.3. Título preliminar

En el primer apartado del artículo 1 se establece que el objeto de la Ley es constituir y ordenar un sistema único e integrado de la FP. Es decir, fusiona lo que hasta la fecha se encontraba separado en dos subsistemas: FP inicial (responsabilidad de la Administración de ámbito educativo) y la FP para el empleo (responsabilidad de la Administración de ámbito laboral).

También en este primer artículo se indica que su finalidad es regular un régimen de formación y acompañamiento profesionales que sea capaz de responder con flexibilidad a los intereses, las expectativas y las aspiraciones de cualificación profesional de las personas a lo largo de su vida y a las competencias demandadas por las nuevas necesidades productivas y sectoriales, tanto para el aumento de la productividad como para la generación de empleo.

El artículo 2 establece una serie de definiciones: aprendizaje o educación formal, aprendizaje o educación no formal, aprendizaje informal, competencias básicas, competencia profesional, itinerario formativo, orientación profesional, etc. Respecto a la legislación anterior (Ley 5/2002) se introducen matices y cambios de concepto.

El artículo 3 establece un total de 18 principios generales: desarrollo personal y profesional de la persona y mejora continua de su cualificación profesional a lo largo de la vida, satisfacción de las necesidades formativas, etc.

Finalmente, en el artículo 4 se establecen una serie de derechos individuales y sociales: la educación y el pleno desarrollo de la personalidad, la libre elección de profesión, etc.

Por tanto, el título preliminar, a pesar de no tener una aplicación práctica y operativa, sienta las bases fundamentales de la Ley. Estas bases no se deben perder de vista para poder interpretar el propósito y enfoque del resto de sus artículos. Todo lo contrario, son aspectos fundamentales que deben tenerse presentes en el diseño de las programaciones didácticas, las situaciones de aprendizaje y, especialmente, el enfoque de la evaluación.

A.I.4. Título I. El Sistema de FP

El sistema de FP articula una serie de acciones que permiten identificar las competencias profesionales del mercado laboral, asegurar y posibilitar las ofertas de formación, reconocer las competencias profesionales y orientar y acompañar a la ciudadanía.

En cuanto a la formación, establece unos itinerarios progresivos y estructurados en una doble escala:

- Por niveles de competencia: 1, 2 y 3.
- Por grados de estándares de competencia: A (acreditación parcial de competencia), B (certificado de competencia), C (certificado profesional), D (ciclos formativos) y E (cursos de especialización).

Este sistema integra el Catálogo Nacional de Estándares de Competencia, el Catálogo Modular de FP, el Catálogo Nacional de Ofertas de FP y los elementos básicos del currículo.

La gestión del sistema se desarrolla a través del registro estatal de FP, del registro estatal de acreditaciones profesionales y del registro general de centros de FP. El Ministerio de Educación y FP y las administraciones competentes son los órganos encargados de mantener estos registros actualizados, de forma que la ciudadanía puede solicitar informes Formativos-Profesionales y de estándares de competencias acreditados.

A.I.5. Título II. Ofertas de FP

La oferta de FP incluye la educación básica (grado básico de FP), las enseñanzas de FP del sistema educativo (grado medio, grado superior y cursos de especialización), la formación vinculada a los estándares de competencia y la dirigida a colectivos específicos, tales como militares o internos de instituciones penitenciarias.

En cualquier caso, la oferta de FP tiene que identificarse (resultados de aprendizaje, criterios de evaluación y referencia al elemento o estándar de competencia), diseñarse por módulos profesionales, y flexibilizar y prestar alternativas para el alumnado con NEAE (Necesidades Específicas de Apoyo Educativo). Además, puede incluir complementos formativos para adaptarse en los sectores productivos de cada territorio.

La planificación, programación y coordinación de la oferta corresponde a las administraciones competentes. En cualquier caso, tiene que garantizarse una oferta de grado C o D de nivel 2 a las personas menores de 21 años incorporadas al mercado laboral, y tiene que incluir itinerarios flexibles para quienes no cuenten con el título de la ESO.

Las ofertas de FP se destinan a las personas mayores de 15 años. Además, a las personas destinatarias de los grados A, B y C que no cuentan con los requisitos de acceso para continuar con los grados D y E, se les tiene que posibilitar la adquisición y acreditación de las competencias básicas vinculadas a los correspondientes requisitos de acceso.

La evaluación tiene que verificar la adquisición de los resultados de aprendizaje, respetar las necesidades de adaptación metodológica y recursos del alumnado con NEAE y considerar el enfoque práctico de la población activa.

A.I.6. Título III. Carácter dual de la FP y modalidades

En función de las características de cada formación, los Grados A, B y E podrán tener carácter dual, pero, los Grados C y D siempre serán en dual, de forma que se establecen dos regímenes:

1. El régimen general, sin vinculación contractual, con una duración comprendida entre el 25% y el 30% de la duración total de la oferta formativa (para las ofertas de nivel 1 podrá reducirse al 20%), una participación máxima de la empresa en el 20% de los resultados de aprendizaje y con posibilidad de inicio a partir de los tres primeros meses de la formación de FP.

2. El régimen intensivo, con contrato de formación (y retribución según el contrato), una duración superior al 35% de la duración total de la oferta formativa, una participación máxima de la empresa en el 30% de los resultados de aprendizaje y con posibilidad de inicio a partir de la finalización del primer trimestre de la formación de FP.

Las administraciones competentes tienen que adoptar las medidas oportunas para evitar la utilización inadecuada como actividad productiva y de carácter laboral de la formación en la empresa u organismo equiparado. También asegurarán los ajustes razonables para el alumnado con NEE (Necesidades Educativas Especiales).

Los centros educativos de FP tienen autonomía para adaptar los programas formativos, de forma que la formación pueda realizarse en una o varias empresas y se pueda dar respuesta a las especificidades de los sectores productivos, la estacionalidad del sector y la disponibilidad de plazas.

Para iniciar la formación en la empresa el alumnado tiene que tener cumplidos los 16 años y haber superado la formación básica de prevención en riesgos profesionales.

La evaluación será responsabilidad del centro de FP, teniendo en cuenta la valoración efectuada por la persona tutora de la empresa, atendiendo a las adaptaciones metodológicas y recursos adicionales utilizados para el alumnado con NEAE y comprobando, en todo caso, la adquisición de los resultados de aprendizaje.

La formación de FP podrá desarrollarse en modalidad presencial, semipresencial, virtual o mixta. Además, se contempla la posibilidad de oferta:

- Parcial, con un módulo profesional como mínimo.
- Específica para el alumnado con NEE.
- Para personas con especiales dificultades formativas y de inserción laboral.
- Para personal militar.
- Para personas con privación de libertad.
- Para personas mayores de 17 años sin cualificación reconocida.
- Para personas con contratos de trabajo.

A.I.7. Título IV. Impartición de la FP

Los centros del Sistema de FP son los gestionados o autorizados por las administraciones competentes para impartir ofertas de FP en cualquiera de los grados, siempre que concluyan oficialmente en las acreditaciones, certificados y títulos de FP.

Podrán impartir ofertas de FP: centros públicos y privados autorizados y acreditados, centros integrados de FP, centros de referencia nacional, organismos públicos o privados con convenios con las administraciones competentes, y empresas públicas o privadas en las condiciones que se regulen.

Para impartir ofertas de Grado A, B y C los centros tendrán que estar inscritos en el Registro General de Centros de Formación Profesional. Para los Grados D y E, además, también tendrán que estar inscritos en el Registro Estatal de Centros Docentes no Universitarios.

A.I.8. Título V. Profesorado y personas formadoras de distinto nivel

En referencia a las personas que pueden desarrollar la formación de las ofertas de FP, se diferencia entre:

- El profesorado del Sistema educativo, es decir, los que pertenecen a uno de los cuerpos docentes del sistema educativo: catedráticos, profesorado, profesorado especialista en sectores singulares de FP y profesorado técnico de FP (especialidad a extinguir).
- El personal formador, es decir, los que desarrollan formación de una oferta de FP, pero no pertenecen a ninguno de los cuerpos docentes del sistema educativo: personas con determinada formación académica y pedagógica y personas determinadas reglamentariamente de manera exclusiva para determinadas especialidades.
- Las personas expertas del sector productivo. Estas personas se contratarán en régimen de contratación laboral y después de cumplir una serie de requisitos y condiciones.
- También se contemplan otros perfiles: personas trabajadoras expertas sénior de empresa, personas prospectoras y personal de apoyo especializado.

A.I.9. Título VI. Acreditación de competencias profesionales por experiencia laboral y aprendizajes no formales

Se establece un procedimiento general de acreditación de competencias para determinados perfiles de la población. Si se cumplen una serie de requisitos (nacionalidad, edad y experiencia) se puede acceder a la acreditación. En procedimiento contempla tres fases:

1. Asesoramiento.
2. Evaluación.
3. Acreditación.

A.I.10. Título VII. Orientación profesional

La Ley de FP plantea la orientación profesional a través de un desarrollo integral de apoyo y asistencia en el aprendizaje, la formación a lo largo de la vida y el ajuste entre competencias poseídas y requeridas individual o colectivamente, de forma que se incluya la información, el asesoramiento y el acompañamiento. Se indica de manera clara que estará centrada en el establecimiento de itinerarios formativos para la efectiva adquisición de las competencias profesionales deseadas por las personas objeto de orientación.

En los Grados D de nivel básico y medio, la orientación profesional incluirá elementos socioeducativos del alumnado.

Compromete al Gobierno a establecer una estrategia general para el desarrollo de la orientación profesional en el marco del Sistema de FP y a garantizar, junto a las administraciones competentes, la existencia de un Mapa de la FP, que incluya información vinculada a:

- Ofertas de formación.
- Itinerarios.
- Datos actualizados del mercado laboral.
- Prospectiva de las necesidades de ocupación por sectores productivos.

A.1.11. Título VIII. Innovación e investigación

La cultura de la innovación, la investigación aplicada y el emprendimiento activo tienen que formar parte de los currículos básicos de las ofertas del Sistema de FP, de forma que las ofertas y centros educativos de FP deben incluir actividades vinculadas a la innovación.

La Administración General del Estado debe promover redes de centros de excelencia basados en la especialización inteligente, proyectos e intercambios interautonómicos y europeos, etc.

A.1.12. Título IX. Conocimiento de las lenguas extranjeras e internacionalización del Sistema de FP

Se propone suscribir acuerdos de colaboración y realización de proyectos con otros países, la participación en programas de intercambio y la existencia de programas basados en dobles titulaciones, que mediante currículos mixtos permitan conseguir el Título de FP español y del segundo país.

Se promueve, en los Grados C, D y E, programas de aprendizaje de lenguas extranjeras, permitiendo a las administraciones competentes incorporar un módulo de lengua extranjera técnica en función de las necesidades del tejido empresarial de la región y del sector productivo en general.

Finalmente, se permite en los centros de FP llevar a cabo proyectos de ofertas de formación en régimen general o régimen intensivo, con empresas situadas en el extranjero, con independencia de su grado de internacionalización, siempre que la lengua de comunicación haya sido objeto de aprendizaje o se acredite un nivel que permita el aprovechamiento adecuado de la estancia formativa. Para lo cual podrá adaptar la oferta formativa e incorporar complementos de formación.

A.1.13. Título X. Evaluación y calidad del Sistema de FP

Se establece la obligatoriedad de contar con un mecanismo de Evaluación y Calidad del Sistema, de acuerdo con los indicadores establecidos en el Marco Europeo de Garantía de la Calidad de la FP (EQAVET). Las administraciones competentes tienen que velar por la calidad de todas las acciones y servicios del Sistema de FP (orientación, formación, acreditación…) contando con la inspección, supervisión y evaluación del alta inspección y de la inspección educativa.

Se establece también la obligación de elaborar, por parte de la Administración General del Estado, un informe anual del estado de la FP.

A.1.14. Título XI. Organización, competencias y gobernanza

En este último título se establece el marco general organizativo y competencial. Se definen las competencias del Gobierno, de los Ministerios y de los Organismos competentes respecto al que se establece en la Ley 3/2022, incorporando a las organizaciones empresariales y sindicales más representativas a la gobernanza del sistema.

A.2. Real Decreto 659/2023, de 18 de julio, por el que se desarrolla la ordenación del Sistema de Formación Profesional.

A.2.1. Introducción

El Real Decreto 659/2023 concreta la Ley 3/2022 y ordena el Sistema de FP. Establece las bases esenciales para el diseño de las ofertas de FP, los requisitos, las prioridades, etc. Estos son aspectos que se concretan por parte de las administraciones educativas de las distintas comunidades autónomas. Este Real Decreto también establece algunos ítems que tienen un efecto directo sobre el aula, concretamente sobre el proceso de enseñanza y aprendizaje y las programaciones didácticas.

En este apartado se enumeran únicamente los aspectos que conviene tener presente para el desarrollo en el aula y, en cualquier caso, solo para los Grados D (ciclos formativos) y E (cursos de especialización). A saber:

- Título preliminar:
  - Artículo 2. Finalidades de la FP.

- Artículo 3. Función y objetivos generales de la FP.
- Título I:
  - Capítulo I. Ofertas:
    - Sección 2: Currículo
    - Sección 3: Módulos profesionales
  - Capítulo II. Aspectos comunes:
    - Artículo 13. Principios pedagógicos.
    - Artículo 15. Atención a las diferencias individuales.
    - Artículo 16. Derecho a la evaluación objetiva.
    - Artículo 17. Derecho a la información sobre el proceso de FP.
    - Artículo 18. Evaluación y calificación.
  - Capítulo IV. Modalidades de la oferta de FP:
    - Sección 1: Formación presencial, semipresencial y virtual.
    - Sección 3: Modalidad dirigida a personas con necesidades educativas o formativas.
- Título II:
  - Capítulo IV. Ciclos formativos.
  - Capítulo V. Cursos de especialización.
- Título IV: Formación en empresa u organismo equiparado.

A.2.2. Estructura general

Antes de desarrollar los apartados indicados en el punto anterior, conviene conocer la estructura general del Real Decreto. Esta disposición legislativa incluye un total de diez títulos y 231 artículos, que se representan de manera gráfica en la siguiente imagen:

A.2.3. Título preliminar. Finalidades, función y objetivos generales

Se propone una evidente apertura de la FP, de forma que es posible identificar claramente las siguientes finalidades del nuevo Sistema de FP:

1. Aportar conocimientos y habilidades para una actividad profesional cualificada.
2. Garantizar la formación de personas trabajadoras.
3. Facilitar la adquisición, mantenimiento, adaptación y ampliación de habilidades y competencias.
4. Contribuir a la reconversión profesional y la reconstrucción del itinerario profesional.

5. Permitir el reconocimiento y la acreditación de competencias profesionales obtenidas por experiencia y otras vías formativas.

La función de este Sistema de FP es:

1. El desarrollo personal y profesional.
2. La mejora continua de la calificación.
3. La satisfacción de las necesidades formativas del sistema productivo y del empleo.

En cuanto a los objetivos directamente asociados al aula, se encuentran:

• Desarrollo personal y profesional.
• Cualificación.
• Adaptación.
• Flexibilidad y modularidad.
• Dualidad de la formación.
• Igualdad efectiva.

Es necesario interiorizar las finalidades, la función y los objetivos del nuevo Sistema de FP, pues crearán un clima específico y facilitan un determinado enfoque del proceso de enseñanza y aprendizaje. Se debe atender la importancia del desarrollo personal (no solo profesional), la flexibilidad y modularidad, la adaptación a las necesidades del potencial alumnado y del contexto laboral, pero también de la igualdad efectiva. La equidad e inclusión educativa entran con fuerza en la FP.

A.2.4. Título I. Capítulo I (ofertas). Currículo y módulos profesionales

El artículo 10 se centra en la autonomía de los centros. Son precisamente los centros de FP los que deben concretar el currículo (programación y metodología) para adaptarse al alumnado (especialmente al que presente cualquier tipo de necesidad específica) y a las necesidades formativas del entorno productivo. Por tanto, será necesario emplear metodologías activas (proyectos y retos), aproximarse lo máximo posible a la realidad productiva, utilizar recursos y materiales acordes con la tecnología utilizada por el entorno productivo y atender las necesidades específicas del alumnado que lo requiera.

Se permite, previa autorización de las administraciones educativas competentes, la adaptación organizativa de los programas de formación en los Grados C, D y E, para dar respuesta y aportar coherencia a las características particulares de los centros y de las empresas u organismos equiparados. Esta necesidad de adaptación requerirá que el proceso de enseñanza y aprendizaje y, por tanto, las programaciones didácticas, sean abiertas, flexibles y adaptativas.

En el artículo 11 puede leerse que el módulo profesional constituye una unidad coherente a efectos de planificación y diseño, aunque puede desagregarse respetando el currículo y todos sus resultados de aprendizaje. Esto permite fusionar, combinar y reorganizar los módulos profesionales, siendo en todo caso la unidad mínima de referencia los resultados de aprendizaje.

De acuerdo con el artículo 12: «los contenidos asociados a los módulos pueden o no aparecer en el currículo, con el compromiso de actualización permanente». Por tanto, los contenidos pasan a un segundo plano. Lo importante son los resultados de aprendizaje (RRAA) y sus criterios de evaluación (CCEE). Estos elementos curriculares (RRAA y CCEE) pueden lograrse con unos u otros contenidos que, en cualquier caso, deben estar actualizados a los que requiere el entorno productivo y el mercado laboral.

A.2.5. Título I. Capítulo II (aspectos comunes). Principios pedagógicos; diferencias individuales; derecho a la evaluación objetiva y a la información; evaluación y calificación

De acuerdo con el artículo 13 (principios pedagógicos), la formación del sistema de FP debe integrar aspectos científicos, tecnológicos y organizativos. Por tanto, no cabe la separación entre «teoría» y «práctica» (módulos teóricos y módulos prácticos). Es necesario trabajar de manera holística e integrada, promoviendo las metodologías activas para desarrollar un proceso de enseñanza y aprendizaje que no necesariamente diferencie entre módulos profesionales. Se permite una organización por parte del centro educativo que integre diferentes módulos profesionales, siempre que se permita identificar los RRAA desarrollados y evaluados en cada momento.

Para atender a las diferencias individuales (artículo 15) se debe fomentar la equidad y la inclusión, a través de:

- La flexibilización.
- Alternativas metodológicas de adaptabilidad.
- La adaptación temporal.
- El Diseño Universal Formativo o Diseño Universal de Aprendizaje.

Las Administraciones educativas competentes deben garantizar el derecho a una evaluación objetiva (artículo 16), atendiendo al carácter continuo y diferenciado por módulos profesionales o RRAA y teniendo en cuenta las adaptaciones necesarias. En relación con el derecho a la evaluación objetiva, el alumnado tiene el derecho a conocer las decisiones relativas a la evaluación, promoción y titulación (artículo 17), así como el acceso a parte de los documentos de evaluación, pruebas y los documentos de evaluación. Por tanto, las administraciones educativas de las diferentes comunidades autónomas deben establecer procedimientos que aseguren estos derechos. Estos requerimientos obligan a definir en la programación didáctica, de manera previa al inicio del proceso de enseñanza y aprendizaje, las «reglas del juego». También requieren transparencia en la aplicación de estas reglas, a través de técnicas e instrumentos de evaluación que realmente evalúen aquello que se debe evaluar: los RRAA.

En cuanto a los aspectos comunes sobre la evaluación y la calificación (artículo 18):

- Los referentes de evaluación son los RRAA y sus CCEE, teniendo en cuenta las adaptaciones realizadas al alumnado con necesidades específicas.
- Los métodos e instrumentos de evaluación deben adaptarse a la metodología y a los RRAA, garantizando en todo momento la objetividad, fiabilidad y validez.
- La evaluación y calificación siempre será responsabilidad del profesorado del centro, de forma que la persona tutora de la empresa u organismo equiparado aportará información.
- La calificación estará en función del grado de consecución de los RRAA y será numérica (de 1 a 10, sin decimales).
- La superación de cualquier oferta formativa de FP requiere la evaluación positiva (mayor a 5 puntos) de todos los módulos profesionales que la integren.
- La oferta en modalidad virtual requerirá la superación de pruebas presenciales que garanticen el logro de los RRAA.

Por tanto, la evaluación y calificación debe focalizarse en evidenciar el grado de consecución de los RRAA. Para ello se deberán emplear técnicas e instrumentos que aseguren objetividad, fiabilidad y validez.

A.2.6. Título I. Capítulo IV (modalidades de la oferta de FP). Formación presencial, semipresencial y virtual. Modalidad dirigida a personas con necesidades educativas o formativas

El artículo 27 se centra en los aspectos específicos de evaluación de las modalidades semipresencial y virtual. En estas modalidades, además de tenerse en cuenta los aspectos comunes señalados en el apartado anterior, se debe realizar el seguimiento de los aprendizajes a través de los trabajos presentados en la plataforma virtual que se utilice en cada caso. Se indica también que los criterios de evaluación establecidos de forma cuantificable de cada una de las actividades se aplicarán según lo establecido en el proyecto formativo. Por tanto, la programación didáctica debe indicar las actividades o trabajos que el alumnado deberá entregar a través de la plataforma virtual, y en cualquier caso, deberá especificar los porcentajes de calificación de estas actividades y trabajos.

En el artículo 35 se regula el «carácter y autorización de las ofertas dirigidas a personas con necesidades educativas o formativas». Se indica, para esta modalidad, que:

- La metodología tendrá carácter globalizador e integrará las competencias y los RRAA.
- Responderá a metodologías activas basadas en proyectos.
- Respetará los diferentes ritmos de aprendizaje, el enfoque práctico y el fomento de las competencias transversales y la empleabilidad.

De acuerdo con el artículo 36, la evaluación del alumnado con necesidades educativas o formativas, tendrá carácter continuo, formativo, integrador, conforme al DUA y priorizará las dimensión práctica de los aprendizajes.

A.2.7. Título II. Capítulos IV y V: ciclos formativos y cursos de especialización

Los grados A (acreditación parcial de competencia), B (certificado de competencia) y C (certificado profesional), cuentan con peculiaridades asociadas al proceso de enseñanza y aprendizaje (programación y evaluación). Ahora bien, el hecho de responder a las peculiaridades de los grados D (ciclos formativos) y E (cursos de especialización), también dará respuesta, con creces, a los grados A, B y C. Es por este motivo, por el que este apartado se centra únicamente en estos dos últimos grados (D y E).

El Grado D se corresponde con los ciclos formativos de FP:

- Grado básico (educación básica; estándar de competencia de nivel de cualificación 1).
- Grado medio (educación postobligatoria; estándar de competencia de nivel de cualificación 2).
- Grado superior (educación superior; estándar de competencia de nivel de cualificación 3).

El Real Decreto 659/2023 cambia la organización que hasta la fecha tenían los ciclos formativos. Establece un proyecto de aprendizaje colaborativo o proyecto intermodular que hasta la entrada en vigor de la LOMLOE solo se contemplaba en los ciclos de grado superior.

En los ciclos de grado medio y superior se incluyen nuevos módulos profesionales asociados a habilidades y capacidades transversales:

- Itinerario para la empleabilidad I y II.
- Digitalización aplicada al sistema productivo.
- Sostenibilidad aplicada al sistema productivo.
- Inglés profesional.

También se incluye, en los ciclos formativos de grado medio y superior, un módulo optativo que podrá ser propuesto por las administraciones educativas e incluso por los propios centros de FP, así como la posibilidad, previa autorización de las administraciones educativas, de organizar los módulos profesionales de manera cuatrimestral o anual.

Grado básico

El artículo 92 se centra en los criterios pedagógicos. En este artículo se resalta la importancia de la adaptación al alumnado y la preferencia de utilizar una organización por proyectos de aprendizaje colaborativo desde una perspectiva aplicada. Además se indica la necesidad de fomentar el desarrollo de habilidades sociales y emocionales, el trabajo en equipo y la utilización de las Tecnologías de la Información y la Comunicación (TIC). También se resalta la especial consideración de la tutoría y la orientación profesional.

En cuanto a la evaluación, el artículo 93, establece:

- La evaluación será continua, formativa e integradora. Se deberá realizar por ámbitos, módulos profesionales y proyecto, teniendo en cuenta la globalidad del ciclo.
- Se adaptará a las necesidades específicas de apoyo educativo de cada persona, en consonancia con el DUA.
- La superación del ciclo formativo requiere la evaluación positiva colegiada respecto a la adquisición de las competencias básicas, profesionales y para la empleabilidad.

Grado medio y superior

El artículo 107 regula la evaluación y permanencia, e indica que:

- La evaluación será continua, se adaptará a las metodologías de aprendizaje y se basará en la comprobación de los RRAA.
- Debe promoverse el uso de instrumentos variados, flexibles y adaptados a las diferentes situaciones de aprendizaje, de forma que se permita una evaluación objetiva.

- La evaluación debe respetar el carácter práctico de la formación, así como las necesidades de adaptación metodológica y recursos del alumnado con necesidades específicas de apoyo educativo o formativo.
- El profesorado tomará como referencia los RRAA y sus CCEE, siendo las decisiones de evaluación final colegiadas en función del grado de adquisición de las competencias del ciclo.

Cursos de especialización

El artículo 123 regula la evaluación y establece las mismas premisas que el artículo 107. Es decir, lo indicado para los ciclos formativos de grado medio y superior, es de aplicación para los cursos de especialización.

A.2.8. Título IV. Formación en empresa u organismo equiparado

De acuerdo con el artículo 151, los grados C y D incorporarán una formación en empresa u organismos equiparados. El resto de grados (A, B y E) pueden incorporar esta formación en una empresa o en organismos equiparados en función de sus características y de lo que determinen las Administraciones competentes.

En el artículo 154 se recuerda lo que ya indica el artículo 9.3: «En ningún caso podrá desarrollarse la totalidad del currículo de un módulo profesional en la empresa u organismo equiparado».

Según el artículo 157, cada persona en formación dispondrá un plan de formación que incluirá: el régimen de la oferta (general o intensivo), los RRAA que se desarrollen en el centro, en la empresa o conjuntamente, los mecanismos de seguimiento y otros elementos.

El artículo 159 recuerda la duración de la formación en empresa u organismo equiparado:

- En las ofertas en régimen general, tendrá una duración entre el 25 y el 35% de la duración total de la oferta formativa, e incluirá entre el 10 y el 20% de los RRAA.
- En las ofertas en régimen intensivo, tendrá una duración superior al 35% de la duración total de la oferta formativa, e incluirá un máximo del 50% de los RRAA.

Por tanto, para aquellos módulos profesionales que se desarrollen en modo «dual», será necesario establecer conexiones entre el plan de formación en la empresa u organismo equiparado y las programaciones didácticas. Habrá que identificar los RRAA que se desarrollen en el centro, en la empresa o, conjuntamente, la metodología, los mecanismos de seguimiento y coordinación, la forma de evaluar los RRAA que se desarrollen en la empresa o de manera conjunta, etc.

Anexo B.

Concreción curricular

Partiendo de las leyes orgánicas (3/2020, de 29 de diciembre y 3/2022, de 31 de marzo), el primer nivel de concreción que puede encontrarse se representa en el Real Decreto 659/2023, de 18 de julio, por el que se desarrolla la ordenación del Sistema de Formación Profesional. A este R.D. le siguen los reales decretos que modifican y actualizan los diferentes títulos de formación profesional publicados hasta la fecha. A saber:

- Real Decreto 497/2024, de 21 de mayo, por el que se modifican determinados reales decretos por los que se establecen, en el ámbito de la Formación Profesional, cursos de especialización de grado medio y superior y se fijan sus enseñanzas mínimas.
- Real Decreto 498/2024, de 21 de mayo, por el que se modifican determinados reales decretos por los que se establecen títulos de Formación Profesional de grado básico y se fijan sus enseñanzas mínimas.
- Real Decreto 499/2024, de 21 de mayo, por el que se modifican determinados reales decretos por los que se establecen títulos de Formación Profesional de grado medio y se fijan sus enseñanzas mínimas.
- Real Decreto 500/2024, de 21 de mayo, por el que se modifican determinados reales decretos por los que se establecen títulos de Formación Profesional de grado superior y se fijan sus enseñanzas mínimas.

Es decir, dos leyes orgánicas establecen los cimientos básicos, una de ellas específica de FP. A continuación, un R.D. establece la ordenación general y de manera más reciente cuatro reales decretos actualizan los títulos de FP para adecuarlos al nuevo marco legislativo.

El segundo nivel de concreción curricular le corresponde a las Administraciones educativas de las comunidades autónomas.

En el primer curso de implantación del nuevo modelo de FP (curso 2024-2025), las comunidades autónomas no han publicado un índice de elementos mínimos a incluir en las programaciones didácticas. En algunos casos se emplean términos generales que referencian a las programaciones didácticas y en otros, se hace referencia a modelos estructurales basados en la legislación anterior.

A modo de ejemplo, a continuación se reproducen las referencias a la programación didáctica que pueden leerse en tres currículos distintos.

1) En la Comunidad Valenciana, las instrucciones sobre ordenación académica y organización de los centros que imparten FP durante el curso 2024-2025 (Resolución de 8 de agosto de 2024, de la Secretaría Autonómica de Educación), no incluyen una propuesta de elementos mínimos de la programación didáctica y emplean términos generales a ella en algunos de sus apartados. Por ejemplo, se indica:

   a) En su apartado 6.4, que los equipos docentes deben actualizar los contenidos mínimos del proyecto intermodular en las programaciones didácticas.

   b) En el apartado 8, que los departamentos de familia profesional y los departamentos didácticos dispondrán de una única programación por cada módulo profesional que tengan asignado, dentro de la programación didáctica de un mismo ciclo, sin perjuicio de las adaptaciones que se deriven cuando se imparta en regímenes o modalidades diferentes para cada caso. Esta programación didáctica será diseñada de forma colegiada por los profesores que impartan dicho módulo profesional en el mismo ciclo.

2) En la comunidad de Cantabria, las instrucciones de inicio de curso 2024-2025 para los centros educativos que imparten FP, hacen referencia al artículo 25 del Decreto 4/2010, de 28 de enero. En este artículo se indica que las programaciones didácticas de los módulos profesionales, y en su caso de las unidades formativas, de los ciclos formativos se elaborarán teniendo en cuenta el proyecto curricular, las características del alumnado y las posibilidades formativas del entorno, especialmente en el módulo de Formación en Centros de Trabajo. Estas programaciones, concretarán y desarrollarán el currículo, e incluirán los siguientes aspectos:

   a) Los objetivos expresados en resultados de aprendizaje, los criterios de evaluación y los contenidos de cada módulo profesional para cada uno de los cursos del ciclo formativo.

b) La distribución temporal de los contenidos en el curso correspon-diente.

c) Aquellos aspectos curriculares mínimos que se consideren básicos para superar el módulo correspondiente, según lo recogido en el Real Decreto que regula cada título y en la Orden correspondiente a su currículo.

d) Los enfoques didácticos y metodológicos que se consideren más coherentes para la adquisición, por parte del alumnado, de los objetivos de estas enseñanzas.

e) Los procedimientos e instrumentos de evaluación del aprendizaje del alumnado.

f) Los criterios de calificación que se vayan a aplicar.

g) Los materiales y recursos didácticos que se vayan a utilizar.

h) Las medidas de atención a la diversidad.

i) La concreción de los planes, programas y proyectos acordados y aprobados, relacionados con el desarrollo del currículo.

j) Las actividades complementarias y extraescolares que se pretendan realizar.

k) Criterios y procedimientos para la evaluación del desarrollo de la programación y de la práctica docente.

l) Planificación del uso de espacios específicos y equipamientos.

m) La concreción del desarrollo de desdobles, agrupaciones flexibles y/o apoyos docentes en los módulos profesionales en los que se realicen los mismos, incluyendo la planificación de las actividades previstas.

3) En la comunidad de Galicia, las instrucciones para el desarrollo de las enseñanzas de formación profesional en el curso 2024-2025 (Resolución de 10 de julio de 2024, de la Dirección General de Formación Profesional), facilitan algunas instrucciones logísticas en relación a la elaboración de las programaciones didácticas y se dan indicaciones más precisas para módulos específicos de la concreción curricular de esta autonomía en concreto, por ejemplo:

a) La programación para el módulo profesional de Proyecto consistirá en un documento de especificaciones sobre las características y el alcance del trabajo que se vaya a realizar, que, en todo caso, deberá tomar como referencia un proceso productivo real o simulado específico del campo profesional de que se trate. [...]

b) La programación del módulo profesional de Proyecto integrado será elaborada por el profesor o la profesora que se encargue de él y deberá ser aprobada por el equipo docente del ciclo, que supervisará su impartición. El módulo de Proyecto integrado debe contribuir de modo específico al logro de las siguientes finalidades:

- Comprender globalmente aspectos relevantes de la competencia profesional característica del título, que se aborden en otros módulos profesionales del ciclo formativo.
- Integrar ordenadamente conocimientos sobre organización, características, condiciones, tipologías, técnicas y procesos que se desarrollen en las actividades productivas del sector al que corresponda el título.
- Adquirir, en su caso, conocimientos, habilidades, destrezas y actitudes que favorezcan el desarrollo de las capacidades relacionadas con la profesión para la que se forma que, a pesar de ser demandadas por el ámbito productivo en qué radica el centro, no se puedan recoger en el resto de módulos profesionales. [...]

c) En relación los cursos de especialización, se estará a lo dispuesto para los ciclos de formación profesional, incluyendo la disposición transitoria cuarta de la Orden de 12 de julio de 2011, que establece que durante el primer curso académico en que se imparta un módulo profesional se sustituirá el epígrafe de elaboración de las actividades de enseñanza y aprendizaje por una de recursos y método.

En conclusión, en el momento de redacción de esta obra, no existe una propuesta legislativa que establezca los elementos mínimos de una programación didáctica o, al menos, no existe una propuesta adaptada al marco legislativo publicado a partir del año 2022.

Continuando con los niveles de concreción curricular, el tercer nivel le corresponde al centro educativo.

El PEC es el principal instrumento de planificación educativa y el referente de la autonomía de los centros educativos. Es un documento necesario en la mayoría de trámites que debe hacer cualquier centro docente: fuente para la Programación General Anual (PGA), documento que debe presentar el centro cuando quiere participar en un proyecto de innovación, guía que permite a las familias escoger entre uno u otro centro, marco de referencia para los Planes de Mejora de los centros educativos…

Algunas Administraciones educativas de las comunidades autónomas concretan el contenido mínimo. En cualquier caso, el PEC, incluirá, al menos:

1. Valores, objetivos y prioridades de actuación.
2. Concreción de los currículos.
3. Tratamiento transversal y educación en valores.
4. Acción tutorial, atención a la diversidad y convivencia.

La concreción curricular, también conocida como proyecto curricular de etapa o propuesta pedagógica, es el documento de planificación educativa de centro que, como su propio nombre indica, concreta el currículo por parte del centro educativo. Por tanto, es un documento que detalla los elementos que determinan los procesos de enseñanza y aprendizaje para cada una de las enseñanzas y etapas educativas:

- Objetivos.
- Competencias.
- Criterios de evaluación.
- Contenidos o saberes básicos.
- Situaciones de aprendizaje.

Por tanto, el documento «concreción curricular» debe definir los aspectos y elementos comunes para la concreción de los currículos. Es por tanto, un documento de intervención educativa que establece directrices para la implementación del proceso de enseñanza y aprendizaje en las aulas. Se trata de un documento eminentemente pedagógico que debe establecer estrategias educativas coherentes para el conjunto de las etapas que se imparten en un centro docente.

Debe ser un texto operativo de intervención educativa que incluya los siguientes dos pilares básicos:

1. Los aspectos y elementos comunes para la concreción de los currículos, es decir, concreción, ampliación y adecuación de objetivos y competencias.
2. Las directrices y estrategias para la implementación coherente y coordinada del proceso de enseñanza y aprendizaje para el conjunto de las etapas educativas que se imparten en un centro docente, es decir, las orientaciones metodológicas y de evaluación comunes para todo el claustro de profesorado.

Una posible estructura de concreción curricular podría ser la siguiente:

1. **Objetivos.** Distribución y concreción de los objetivos generales del currículo e inclusión y concreción de los objetivos específicos de centro para cada área, materia, ámbito o módulo, y para cada curso.

2. **Perfil de salida y competencias clave.** Ese punto se aplica únicamente a las enseñanzas de Primaria y ESO.

3. **Orientaciones metodológicas.** Pautas metodológicas que deben guiar el proceso de enseñanza y aprendizaje, de forma que exista coherencia entre las asignaturas de una enseñanza y que se propicie el trabajo en horizontal y en vertical: orientaciones metodológicas, organización espacio-temporal, recursos...

4. **Evaluación del y para el aprendizaje.** Criterios básicos para mantener la coherencia en cuanto a la evaluación y la calificación de las diferentes materias: criterios, instrumentos, evaluación de competencias y objetivos, evaluación y calificación de proyectos que se distribuyen entre varias asignaturas (distribución por ámbitos)... Es de vital importancia definir en este apartado el procedimiento a seguir para que se pueda informar o documentar el grado de consecución de las competencias y los objetivos de etapa. Estos dos elementos (objetivos y competencias) son los referentes fundamentales para la evaluación, especialmente para la promoción y la titulación.

5. **Evaluación de la enseñanza.** Objetivos, indicadores e índices de aceptabilidad de la práctica docente: instrumentos de recogida de información, desarrollo de las sesiones de evaluación,...

6. **Anexos:**

    a. Programaciones didácticas organizadas por ciclos, departamentos didácticos o familias profesionales y cursos. Elementos comunes a todas las programaciones didácticas, como por ejemplo, el concepto «programación didáctica» y la necesidad de su diseño y desarrollo.

    b. Plantillas de centro: programación didáctica, programación de aula, modelo de presentación, modelos de actividad, modelo de proyecto, modelos de instrumentos de evaluación...

    c. Concreción y aspectos básicos asociados a la formación profesional dual: tipología de empresas, aspectos básicos de los programas formativos...

    d. [...]

Anexo C.

Marco normativo

El marco normativo que justifica legalmente la programación didáctica debe actualizarse en cada curso escolar y adecuarse a cada comunidad autónoma y a cada centro educativo.

A continuación se proponen dos posibles estructuras. La primera es una propuesta completa. La segunda es una propuesta más específica, por tanto, más sucinta y con menos referencias legislativas.

Propuesta I:
Versión completa del marco normativo del módulo profesional de «Preparación de sesiones de vídeo-disc-jockey»

La actual programación didáctica toma como marco normativo las disposiciones reglamentarias siguientes:

Marco nacional:

- Ley Orgánica 3/2022, de 31 de marzo, de ordenación e integración de la Formación Profesional.
- Real Decreto 659/2023, de 18 de julio, por el que se desarrolla la ordenación del Sistema de Formación Profesional
- Real Decreto 556/2012, de 23 de marzo, por el que se establece el título de Técnico en Vídeo Disc-jockey y Sonido y se fijan sus enseñanzas mínimas.
- Real Decreto 499/2024, de 21 de mayo, por el que se modifican determinados reales decretos por los que se establecen títulos de Formación Profesional de grado medio y se fijan sus enseñanzas mínimas.

Marco autonómico:

- Orden 53/2015, de 15 de mayo, de la Consellería de Educación, Cultura y Deporte, por la que se establece para la Comunitat Valenciana el currículo del ciclo formativo de grado medio correspondiente al título de Técnico en Vídeo Disc-jockey y Sonido.

- Proyecto de Orden de la Conselleria de Educación, Universidades y Empleo, por la que se desarrollan y concretan determinados aspectos de los currículos de los ciclos de grado medio y de grado superior, en aplicación del Real Decreto 659/2023, de 18 de julio, por el que se desarrolla la ordenación del Sistema de Formación Profesional.

- Orden 79/2010, de 27 de agosto, de la Conselleria de Educación, por la que se regula la evaluación del alumnado de los ciclos formativos de Formación Profesional del sistema educativo en el ámbito territorial de la Comunitat Valenciana.

- Decreto 252/2019, de 29 de noviembre, del Consejo, de regulación de la organización y el funcionamiento de los centros públicos que imparten enseñanzas de Educación Secundaria Obligatoria, Bachillerato y Formación Profesional.

- Decreto 104/2018, de 27 de julio, del Consejo, por el que se desarrollan los principios de equidad y de inclusión en el sistema educativo valenciano.

- Orden 20/2019, de 30 de abril, de la Consejería de Educación, Investigación, Cultura y Deporte, por la que se regula la organización de la respuesta educativa para la inclusión del alumnado en los centros docentes sostenidos con fondos públicos del sistema educativo valenciano.

- Decreto 195/2022, de 11 de noviembre, del Consell, de igualdad y convivencia en el sistema educativo valenciano.

- Orden 32/2011, de 20 de diciembre, de la Consejería de Educación, Formación y Empleo, por la que se regula el derecho del alumnado a la objetividad en la evaluación, y se establece el procedimiento de reclamación de calificaciones obtenidas y de las decisiones de promoción, de certificación o de obtención del título académico que corresponda (procedimiento de reclamación de calificaciones - evaluación).

- Resolución de 22 de julio de 2024, del secretario autonómico de Educación, por la que se aprueban las instrucciones para la organización y el funcionamiento de los centros que imparten Educación Secundaria Obligatoria y Bachillerato durante el curso 2024-2025.

- Resolución de 8 de agosto de 2024, de la Secretaría Autonómica de Educación, por la cual se dictan instrucciones sobre ordenación académica y de organización de los centros que imparten Formación Profesional durante el curso 2024-2025 en la Comunitat Valenciana.
- Resolución de 28 de junio de 2018, de la Subsecretaría de la Conselleria de Educación, Investigación, Cultura y Deporte, por la que se dictan instrucciones por el cumplimiento de la normativa de protección de datos en los centros educativos públicos de titularidad de la Generalitat . (protección de datos en el ámbito educativo de la Comunidad Valenciana)

Marco del centro educativo:
- Proyecto Educativo de Centro (enlazar)
- Proyecto de gestión y régimen económico (enlazar)
- Normas de organización y funcionamiento (enlazar)

Propuesta 2:
Versión específica del marco normativo del módulo profesional de «Preparación de sesiones de vídeo-disc-jockey»

El actual programación didáctica toma como marco normativo las disposiciones reglamentarias:

Marco nacional:
- Real Decreto 659/2023, de 18 de julio, por el que se desarrolla la ordenación del Sistema de Formación Profesional
- Real Decreto 556/2012, de 23 de marzo, por el que se establece el título de Técnico en Vídeo Disc-jockey y Sonido y se fijan sus enseñanzas mínimas (actualizado al nuevo marco normativo por el R.D. 499/2024, de 21 de mayo).

Marco autonómico:
- Orden 53/2015, de 15 de mayo, de la Consellería de Educación, Cultura y Deporte, por la que se establece para la Comunitat Valenciana el currículo del ciclo formativo de grado medio correspondiente al título de Técnico en Vídeo Disc-jockey y Sonido (a falta de actualizar al nuevo marco normativo; actualmente existe un Proyecto de Orden no aprobada por el Consell).

- Orden 20/2019, de 30 de abril, de la Consejería de Educación, Investigación, Cultura y Deporte, por la que se regula la organización de la respuesta educativa para la inclusión del alumnado en los centros docentes sostenidos con fondos públicos del sistema educativo valenciano (concreta el Decreto 104/2018 y regula la respuesta educativa para la inclusión: en el capítulo IV detalla medidas de respuesta para la inclusión).
- Resolución de 22 de julio de 2024, del secretario autonómico de Educación, por la que se aprueban las instrucciones para la organización y el funcionamiento de los centros que imparten Educación Secundaria Obligatoria y Bachillerato durante el curso 2024-2025
- Resolución de 8 de agosto de 2024, de la Secretaría Autonómica de Educación, por la cual se dictan instrucciones sobre ordenación académica y de organización de los centros que imparten Formación Profesional durante el curso 2024-2025 en la Comunitat Valenciana.
- Resolución de 28 de junio de 2018, de la Subsecretaría de la Conselleria de Educación, Investigación, Cultura y Deporte, por la que se dictan instrucciones para el cumplimiento de la normativa de protección de datos en los centros educativos públicos de titularidad de la Generalitat (protección de datos en el ámbito educativo de la Comunidad Valenciana)

Marco del centro educativo:

- Proyecto Educativo de Centro (enlazar)
- Proyecto de gestión y régimen económico (enlazar)
- Normas de organización y funcionamiento (enlazar)

Observación:

Las disposiciones legislativas indicadas en este apartado incluyen disposiciones de rango superior que obviamente, a pesar de no estar citadas de forma explícita en este marco normativo, se tienen también en cuenta. A saber:

- La Orden 20/2019 toma como referente el Decreto 104/2018;
- Las resoluciones de 22 de julio y 8 de agosto de 2024 hacen referencia al Decreto 195/2022, a la Orden 32/2011, a la Orden 79/2010...
- ...

Se opta por no detallar toda la legislación y hacer referencia únicamente a aquella de aplicación directa a partir de la cual se relaciona el resto de normativa de aplicación.

Reflexión

La redacción de esta obra coincide con un momento de actualización intensa del marco legislativo de la FP. A nivel nacional, podemos atrevernos a afirmar que el marco normativo está prácticamente publicado, pero el nivel autonómico está mayoritariamente en proceso de revisión. Se prevé que durante los cursos 2024-2025 y 2025-2026 el marco autonómico se adapte completamente: actualización de currículos, evaluación, ordenación dual...

Por tanto, debe entenderse que la redacción de este anexo esté desactualizado en el momento de su lectura. Ahora bien, lo importante de este anexo no es si la norma a la que hace referencia está o no actualizada, sino más bien la estructura propuesta.

Corresponde al lector o lectora actualizar esta estructura a su comunidad autónoma de acuerdo con la normativa publicada en el momento de redactar la programación didáctica.

Anexo D.

Conceptos básicos y específicos de las enseñanzas de FP

Cada enseñanza cuenta con sus propios conceptos curriculares. La FP no es menos y en ella se incluyen los siguientes:

1. Perfil profesional.
2. Estándar de competencia (sustituye al término «unidad de competencia»)
3. Competencia general.
4. Competencias profesionales.
5. Resultados de aprendizaje.
6. Proceso tecnológico.
7. Objetivos generales.

El «perfil profesional» de un ciclo formativo se define en base a la competencia general, las competencias profesionales y para la empleabilidad, y los estándares de competencia incluidos en el ciclo formativo.

De acuerdo con el artículo 2 de la Ley Orgánica 3/2022, de 31 de marzo, de ordenación e integración de la Formación Profesional:

- El «estándar de competencia» es el conjunto detallado de elementos de competencia que describen el desempeño de las actividades y las tareas asociadas al ejercicio de una determinada actividad profesional con el estándar de calidad requerido. Es la unidad o elemento de referencia para diseñar, desarrollar y actualizar ofertas de FP. Un estándar de competencia puede descomponerse en «elementos de competencia», que se definen como: cada realización profesional que describe el comportamiento esperado de la persona, en forma de consecuencias o resultados de las actividades que realiza en el desempeño de una profesión.

- La «competencia general» describe las funciones profesionales más significativas del ciclo formativo, por tanto, toma como referencia el conjunto de estándares de competencia que se pretenden conseguir.
- Las «competencias profesionales» son el conjunto de conocimientos y destrezas que permiten el ejercicio de la actividad profesional conforme a las exigencias de la producción y el empleo. Se recogen en los estándares de competencia profesional, que servirán para el diseño de cualquier oferta de formación profesional.
- El «resultado de aprendizaje» se define como el elemento básico del currículo que describe lo que se espera que un estudiante conozca, comprenda y sea capaz de hacer, asociado a un elemento de competencia y que orienta el resto de elementos curriculares, incluidos los criterios de evaluación que permitan constatar que el estudiante ha alcanzado el resultado.

En los títulos LOE, además de competencias profesionales, se incluyen también competencias personales y sociales. Las primeras se relacionan con la empleabilidad y las segundas con la cohesión social. En los títulos LOMLOE solo se hace referencia a las competencias profesionales y se incluyen también las competencias para la empleabilidad.

El «proceso tecnológico» es el conjunto de fases sucesivas de un sistema de producción industrial o de prestación de servicios que representa las relaciones entre las distintas partes de un perfil profesional. Puede mostrarse gráficamente a través de un diagrama de flujo que establezca la secuencia de trabajo o servicio deducida del perfil profesional. El proceso tecnológico, en su conjunto, encarna la competencia general del ciclo formativo y a cada una de sus fases se le asocia una o varias competencias profesionales y para la empleabilidad.

Los «objetivos generales» expresan los resultados esperados del alumnado como consecuencia del proceso formativo. Se obtienen a partir de las competencias, y su finalidad es facilitar la planificación didáctica. Así pues, los objetivos generales son una herramienta muy importante en el proceso de aprendizaje y en la planificación docente por parte del profesorado.

Glosario

En el anexo D se han definido conceptos básicos y específicos de las enseñanzas de FP. De manera complementaria, se incluye este glosario con definiciones de carácter más general, aplicables a todas las enseñanzas.

COMPETENCIA. Conjunto complejo de desempeños (conocimientos, habilidades, actitudes y valores) que cada persona pone en práctica en un contexto concreto para hacer frente a las demandas peculiares de cada situación.

COMPETENCIA CLAVE. Desempeños que se consideran imprescindibles para que el alumnado pueda progresar con garantías de éxito en su itinerario formativo, y afrontar los principales retos y desafíos globales y locales.

COMPETENCIA ESPECÍFICA. Desempeños que el alumnado debe poder desplegar en actividades o en situaciones cuyo abordaje requiere de los saberes básicos de cada materia o ámbito.

CONTEXTO EXTERNO. Entorno social, institucional, económico y demográfico que influye de manera directa e indirecta en el centro educativo.

CONTEXTO INTERNO. Idiosincrasia del alumnado del grupo-clase al que se dirige la programación didáctica.

CRITERIOS DE EVALUACIÓN. Referentes que indican los niveles de desempeño esperados en el alumnado en las situaciones o actividades a las que se refieren las competencias específicas de cada materia o ámbito en un momento determinado de su proceso de aprendizaje.

DESCRIPTORES OPERATIVOS. Elementos que concretan el grado de desempeño que se pretende que consiga el alumnado en la adquisición de las competencias clave para cada una de las etapas.

DISEÑO UNIVERSAL PARA EL APRENDIZAJE (DUA). Conjunto de principios que proponen al profesorado una estructura para desarrollar instrucciones que satisfagan las necesidades de todo el alumnado, a través de la utilización de representación, expresión y participación.

EDUCACIÓN BÁSICA. Es la etapa de la educación en la que se debe preparar a las nuevas generaciones para la vida adulta, estableciendo las bases sólidas para la educación a lo largo de toda la vida. En España es gratuita y obligatoria y comprende desde 1.º de educación primaria (6 años) hasta 4.º de ESO (16 años).

EDUCACIÓN INCLUSIVA. Es aquella que garantiza que todas las personas tengan acceso a la educación, pero no a cualquier educación, sino a una educación de calidad con igualdad de oportunidades, justa y equitativa.

EVALUACIÓN. Proceso sistemático y continuo de recogida y valoración de informaciones de cara a la posterior toma de decisiones. Requiere la comparación de lo que se mide con algo considerado como válido, valioso o digno de comparación.

EVALUACIÓN INICIAL O DIAGNÓSTICA. Se plantea para conocer la situación de partida del proceso de aprendizaje que se ha de abordar en cada caso y poder diseñar la programación didáctica del modo más adecuado posible.

EVALUACIÓN FORMATIVA. Pretende informar sobre el desarrollo y la evolución del conjunto del proceso de enseñanza y aprendizaje, para tomar las decisiones necesarias que permitan la mejora del proceso de enseñanza y aprendizaje.

EVALUACIÓN SUMATIVA O FINAL. Tiene carácter de verificación y de calificación. En base a ella se toman las decisiones de tipo eminentemente administrativo de superación de nivel o etapa, promoción, certificación o titulación.

MARCO NORMATIVO. Conjunto de leyes que regulan el funcionamiento de la educación secundaria.

METACOGNICIÓN. Toma de conciencia de las operaciones mentales (tanto cognitivas como afectivas) que intervienen en el proceso de aprendizaje, para poder valorar y regular lo que se piensa, se dice y se hace.

METODOLOGÍA. Camino o estrategia que se elige para gestionar el proceso de enseñanza y aprendizaje teniendo en cuenta todas las variables que intervienen en dicho proceso.

PERFIL DE SALIDA DEL ALUMNADO. Define las competencias que ha de lograr el alumnado al finalizar una etapa educativa.

PROGRAMACIÓN DE AULA. Documento que concreta y adapta de manera operativa las acciones contenidas en la programación didáctica a las necesidades del alumnado.

PROGRAMACIÓN DIDÁCTICA. Documento que contiene la ordenación de las acciones de enseñanza necesarias para ejecutar la planificación prevista en el Proyecto Educativo de Centro.

PROGRAMACIÓN GENERAL ANUAL (PGA). Instrumento básico que recoge la planificación, la organización y el funcionamiento de un centro educativo, como concreción anual de los diferentes aspectos que se recogen en el Proyecto Educativo de Centro (PEC).

PROGRAMACIÓN MULTINIVEL. Establece diferentes niveles académicos dentro de un mismo grupo-clase y teniendo en cuenta el currículo. Todo el alumnado debe estar contemplado en la programación con sus correspondientes criterios de evaluación, indicadores de logro y actividades.

PROYECTO EDUCATIVO DE CENTRO (PEC). Documento pedagógico que define la identidad de un centro educativo, los objetivos que persigue y las prioridades de actuación, así como su estructura organizativa y funcional.

SABERES BÁSICOS. Conocimientos, destrezas y actitudes que constituyen los contenidos propios de una materia o ámbito cuyo aprendizaje es necesario para la adquisición de las competencias específicas.

SITUACIÓN DE APRENDIZAJE. Situación y actividades que implican el despliegue por parte del alumnado de actuaciones asociadas a competencias clave y competencias específicas y que contribuyen a la adquisición y desarrollo de las mismas. Una situación de aprendizaje puede ser, por ejemplo: una unidad didáctica, un proyecto de investigación, un conjunto de actividades y tareas,...

Bibliografía

ALEXANDER, R. J. (2012) International evidence, national policy and classroom practice: questions of judgement, vision and trust. Discurso de apertura de la Tercera Conferencia Internacional Van Leer sobre Educación, Jerusalén.

BARBER, M. Y MOURSHED, M. (2007). How the world's best-performing schools systems come out on top. Nueva York: McKinsey & Company.

BOOTH, T., AINSCOW, M. Y KINGSTON, D. (2006). Index for inclusion, Centre for Studies on Inclusive Education.

CAPÓ VICEDO, J. (2015). 10 pasos para desarrollar un plan estratégico y un business model canvas, 3C Empresa (24) vol. 4, n.º 4.

CASSANY, DANIEL (1995), La cocina de la escritura, Anagrama.

HARRIS, A. (2009). Big change question: does politics help or hinder education change? Journal of Educational Change, 10(1), pp. 63-67.

HATTIE, J. (2003). Teachers Make a Difference, What is the research evidence?, Interpretations 36 (2) pp. 27-38

HATTIE, J. (2008). Visible learning: A synthesis of over 800 meta-analyses relating to achievement. Londres: Routledge.

LAKE, KATHY (1994), Integrated curriculum. School Improvement Research Series VIII, Northwest Regional Educational Laboratory.

MINISTERIO DE EDUCACIÓN (2020), La reforma del currículo en el marco de la LOMLOE. Documento base. Madrid: Ministerio de Educación.

ORGANISATION FOR ECONOMIC COOPERATION AND DEVELOPMENT (2005). Definition and Selection of Competencies. París: OECD.

ORGANISATION FOR ECONOMIC COOPERATION AND DEVELOPMENT (2013). TALIS (Teaching and Learning International Survey). An International Perspective on Teaching and Learning. París: OECD.

PÉREZ CALLE, E. Y SOLBES I MONZÓ, R. (2022), Programaciones didácticas para ESO y Bachillerato: una propuesta práctica y fundamentada. Valencia: Nau Llibres.

PERRENOUD, PHILIPPE (2003). Construir competencias desde la escuela. Providence: Comunicaciones Noreste.

RODRÍGUEZ GÓMEZ, G., IBARRA SAIZ, M.S. (Eds.) (2018), e-Evaluación orientada al e-Aprendizaje estratégico en Educación Superior, Narcea.

RUIZ MARTÍN, H. (2020), ¿Cómo aprendemos? Una aproximación científica al aprendizaje y la enseñanza. Barcelona: Graó.

SCHACTER, J. Y THUM, Y. M., (2004). Paying for high-and low-quality teaching. Economics of Education Review, 23(4), pp. 411-430.

SIERRA MARTI, V., PÉREZ CALLE, E. Y SOLBES I MONZÓ, R. (2022), Programaciones didácticas para Infantil y Primaria: una propuesta práctica y fundamentada. Valencia: Nau Llibres.

SOLBES I MONZÓ, R. (2014), Programaciones didácticas para FP. Manual de diseño y desarrollo de una programación didáctica basada en competencias contextualizadas. Valenci: Nau Llibres.

TUCKER, P. D. Y STRONGE, J. H. (2006). Student Achievement and Teacher Evaluation en Stronge, J.H. (Ed). Evaluating Teaching: A Guide to Current Thinking and Best Practice. Sage: Londres.

UNITED NATIONS EDUCATIONAL, SCIENTIFIC AND CULTURAL ORGANIZATION (UNESCO), International Bureau of Education (2015), Reconceptualizing and Repositioning curriculum in the 21st Century, Paris: UNESCO.